KÖNIGS FURT

Über dieses Buch

Treue und Freundschaft gehören zu den beglückendsten Erfahrungen im menschlichen Leben. Als Erfahrungen, wie Menschen sie überall und schon immer gemacht haben, spiegeln sie sich in vielen Märchen wider, denn Märchen sind Lebensgeschichten.

Die hier versammelten Märchen kennen treue Freundschaft und treue Liebe genauso wie Treuebruch und Verrat. Sie wissen, wie schwer es ist, wahre von falschen Freunden zu unterscheiden, und daß Mut dazu gehört, dem Geliebten oder der Geliebten zu vertrauen. So erzählen sie in ernstem Ton von den Grenzen der Freundschaft und grenzenloser Treue und heiter von Treueproben und erprobter Freundschaft.

Hannelore Marzi hat für diesen Band bislang selten veröffentlichte Märchen aus Europa, dem Orient, Afrika und Japan ausgesucht und erläutert in einem Nachwort die wichtigsten Motive und Aspekte.

Über die Herausgeberin

Hannelore Marzi, 1942 in Stettin geboren und in Lübeck aufgewachsen, lebt in Frankfurt am Main. Durch ein Studium der Orientalistik wurde sie zur Übersetzerin und Erzählerin nicht nur orientalischer Märchen und Geschichten. Sie hat bereits mehrere erfolgreiche Märchensammlungen herausgegeben.
Weitere Informationen finden Sie unter *www.hanneloremarzi.de.*

Märchen von
Treue und Freundschaft

zum Erzählen und Vorlesen

Herausgegeben von Hannelore Marzi

Königsfurt

Ungekürzte Sonderausgabe

Bibliographische Information der Deutschen Nationalbibliothek

Die Deutsche Nationalbibliothek verzeichnet diese Publikation in der Deutschen Nationalbibliographie; detaillierte bibliographische Daten sind im Internet über http://dnb.d-nb.de abrufbar.

Sonderausgabe
Krummwisch bei Kiel 2007

D-24796 Krummwisch
www.koenigsfurt.com

Umschlaggestaltung: Stefan Hose, Götheby-Holm,
unter Verwendung eines Motivs von Lo Scarabeo, Turin
Satz: Noch & Noch, Balve
Druck und Bindung: cpi-Moravia
Printed in EU

ISBN 978-3-89875-198-8

Inhalt

Von halber und von ganzer Freundschaft 9
Von dem getreuen Halten eines Versprechens 14
Der Kaisersohn und der Schusterssohn 17
Freundestreue 24
Sonnenschein und Mondenschein 27
Die Rehprinzessin 31
Leila und Keila 35
Der Drachentöter 40
Der Blinde und die falschen Freunde 43
Die weiße Amsel 46
Der Hahn mit den Goldfedern 57
Der Ahornbaum 64
Ein Schmerz, der nicht vergeht 67
Der Mensch und der Bär 70
Von den drei Brüdern, die in die Welt gehen 72
Die drei Brüder 75
Das Feld der Bruderliebe 78
Der Schwarze Stein von Arddu 80
Der Padischah der dreißig Peris 84
Der junge Bauer und die weiße Schwänin 93
Des Totengräbers Sohn 96
Der Sohn des Kaufmanns 101
Der reuige Fischer 110
Eine Geschichte von der Insel Tarama 114
Der Schombadissel 119
Das Goldpantöffelchen 124
Die kluge Königin 131
Der Wahrhafte 134

Der verräterische Diener 141
Der Müllerknecht und seine treuen Gefährten 147
Der schwarze Pudel 151
Lumpenrock 155
Die Frau und der Kadi 160
Von der Frau, die den Himmel betrog 163

Nachwort 167
Quellenverzeichnis 185
Verwendete Literatur in Auswahl 191

Für
Sigrid Früh

Von halber und von ganzer Freundschaft

Ein Mann lag auf dem Sterbebette und ließ seinen Sohn zu sich rufen, um ihm noch einige heilsame Lehren zu geben. »Vor allen Dingen«, sagte er zu dem Sohne, »sorge dafür, dir gute Freunde zu erwerben!«

»Ich besitze eine Menge guter Freunde«, erwiderte der Sohn.

»Wenn das wahr ist«, meinte der Vater, »so hat das Glück seine Gaben ungleich an uns verteilt. Ich habe während meines langen Lebens nur einen halben Freund gefunden, du aber, der du noch jung an Jahren bist, hast bereits viele gute Freunde; wie groß ist denn ihre Zahl?«

»Dreißig«, antwortete der Sohn.

»Wir wollen sie doch einmal auf die Probe stellen«, sagte der Vater. »Töte ein Kalb, stecke es in einen Sack und trage es bei Nacht zu deinem ersten Freunde! Sage ihm, daß du einen Menschen erschlagen habest, und bitte ihn, denselben in seinem Hause zu vergraben. Dann komme wieder und erzähle mir, was du ausgerichtet hast.« Der Jüngling ging mit dem Sack zu dem ersten Freunde, klopfte leise an die Tür und bat, den Toten zu begraben, damit seine Tat nicht ruchbar werde. Der Freund aber antwortete, daß er sich seinetwegen nicht in Ungelegenheiten stürzen wolle, und schlug ihm die Tür vor der Nase zu. Dieselbe Antwort erhielt er auch von den übrigen Freunden, die sich also in einer Nacht allesamt als unzuverlässig erwiesen. Er kehrte nun zu seinem Vater zurück und berichtete, wie schlecht es ihm ergangen sei. »Ich wußte wohl«, sagte der Alte, »daß wahre Freundschaft heutzutage selten ist. Begib dich nun zu dem Manne, den ich meinen halben Freund nenne, und sieh, wie er sich benehmen wird.«

In der nächsten Nacht suchte der Jüngling den Bezeichneten auf, teilte ihm seine mißliche Lage mit und bat ihn, den Getöteten zu vergraben. Der Mann gab sich vor seinem Gesinde den Anschein, als wenn er den Gast forttreibe. Sobald aber beide allein waren, sagte er, daß er ihm um seines Vaters willen helfen wolle, wenn auch sein Leben dabei auf dem Spiele stehe. Alsbald klärte ihn der Jüngling über den wahren Sachverhalt auf und dankte ihm für die bewiesene Bereitwilligkeit. Dann ging er zu seinem Vater und sagte ihm, wie trefflich sich der Mann bewährt habe. »Ich weiß aber nicht, Vater, warum du ihn einen halben Freund nennst. Mich dünkt, er könne mit Fug und Recht ein ganzer Freund heißen.«

»Ich nenne ihn deshalb so«, erwiderte der Vater, »weil ich ihn niemals mehr als nur zur Hälfte erprobt habe und weil ich mir selbst stets mehr traute als ihm. – Damit dir aber klar werde, wie ein ganzer Freund beschaffen ist, will ich dir die folgende Geschichte erzählen: Ein reicher Bürger zu Alexandria hatte mit einem Kaufmann aus Bagdad innige Freundschaft geschlossen, und der letztere kehrte, wenn ihn Handelsgeschäfte nach Ägypten führten, jedesmal bei dem Freunde ein. Nun trug es sich zu, daß der Ägypter um ein schönes Mädchen warb. Er erhielt das Jawort und führte die Braut schon vor der Hochzeit in sein Haus, wo er ihr jedoch ein eigenes Zimmer anwies. Gerade zu dieser Zeit stellte sich der Kaufmann aus Bagdad in Alexandria ein und begab sich gemäß seiner Gewohnheit in das Haus seines Freundes. Dieser nahm ihn mit der größten Freude auf und schärfte seiner Dienerschaft ein, das Möglichste zu tun, um dem Gast den Aufenthalt angenehm zu machen. Der erste

Tag verlief in ungetrübter Fröhlichkeit, aber am zweiten wurde der Kaufmann so krank, daß er das Bett hüten mußte. Die eilends herbeigerufenen Ärzte erklärten, daß die plötzliche Krankheit keinen körperlichen Grund habe, sondern seelischen Ursprungs sei, und daher bat der Alexandriner seinen Freund, ihm mitzuteilen, was ihn bekümmere.

›Ich glaube‹, sagte der Gast, ›daß mein Unwohlsein in einer heftigen Leidenschaft zu einer Frau seinen Grund hat, die ich gestern abend in deinem Hause sah.‹

›Das wird sich bald erweisen‹, erwiderte der Freund und ließ der Reihe nach sämtliche Frauen und Mädchen seines Hauses vor den Kaufmann treten, als letzte gar seine eigene Braut. Sobald der Kranke sie sah, rief er: ›Ja, ja, sie ist es, von der ich Leben oder Tod zu erwarten habe!‹

›Wenn sie dir Leben verleihen kann‹, erwiderte der Alexandriner, ›so möge dir Gott noch viele schöne Tage schenken, denn wenn die Jungfrau einwilligt, soll sie die Deine werden!‹ Das Mädchen war einverstanden, worauf die Krankheit den Kaufmann alsbald verließ und er wieder ganz gesund ward. Beim Abschied forderte er seinen Freund auf, ihn in Bagdad aufzusuchen, falls er einmal seiner bedürfe. Er selbst werde, so fügte er hinzu, wohl kaum wieder nach Alexandria kommen, denn er habe vor, sich von seinen Geschäften zurückzuziehen und zur Ruhe zu setzen. Damit trennten sich die Freunde. Nach einigen Jahren verarmte der Alexandriner gänzlich. Da gedachte er der Einladung seines Freundes, stahl sich heimlich aus der Stadt fort und machte sich auf den Weg nach Bagdad. Als er dort anlangte, war der Abend bereits hereingebrochen. Er scheute sich, den Freund zu so später Stunde noch aufzusuchen, und beschloß, in einer Hütte zu übernachten, die etwa einen Pfeilschuß weit von der Stadt entfernt lag. Er hatte sich eben zum Schlafen niedergelegt, da drang ein Mann in die Hütte ein und bald darauf ein zweiter, der dem ersten auf den Fersen war. Der Verfolger entdeckte den Flüchtling und tötete ihn. Kaum war der Mörder entflohen, erschienen sechs bewaffnete Männer in der Hütte. Als sie den Ägypter neben dem Toten erblickten, ergriffen sie ihn und nahmen ihn mit sich fort, denn nach den Landesgesetzen ward derjenige für einen Totschlag verantwortlich gemacht, der auf dem Schauplatze der Tat betroffen wurde.

Er mußte die Nacht im Gefängnis zubringen und wurde am Morgen vor Gericht gebracht, wo die Verwandten des Ermordeten Anklage gegen ihn erhoben. Unter den Anwesenden befand sich auch der reiche Kaufmann. Er erkannte den Freund sofort, obwohl derselbe durch Kummer und Elend stark verändert war. Sobald er hörte, daß der Ägypter nach den Gesetzen des Landes zum Tode verurteilt ward, gedachte er der Wohltaten, die jener ihm in Alexandria erwiesen hatte, und beschloß, den Freund durch die Preisgabe seines eigenen Lebens zu retten. So sprang er denn auf und rief mit lauter Stimme, daß der Ägypter unschuldig sei, da er selbst den Mord begangen habe. Nach diesem Geständnis ward nun der Fremde freigelassen und der Kaufmann in Fesseln gelegt. Der wirkliche Mörder aber, welcher ebenfalls anwesend war, wurde durch diesen Vorgang so gerührt, daß er es nicht erdulden konnte, einen Unschuldigen für sich leiden zu lassen. Deshalb trat er vor und bekannte seine Tat. Die unerhörte Begebenheit, daß zwei Männer sich freiwillig den Fesseln überlieferten, versetzte den Richter in solches Erstaunen, daß er nicht wagte, ein Urteil zu fällen, sondern die Entscheidung dem König überließ. Dieser ordnete an, daß die drei Männer nacheinander vorgeführt würden. Er befahl jedem derselben, sein Leben der Wahrheit gemäß zu erzählen, und so kam der Sachverhalt an den Tag. Der König begnadigte den Mörder, weil er selbst seine Tat eingestanden hatte, um einen Unschuldigen zu retten, und erlegte ihm lediglich auf, eine Wallfahrt nach den Heiligen Stätten zu unternehmen. Der Kaufmann ließ seinem Freunde die Wahl, ob er für alle Zeit bei ihm bleiben oder mit der Hälfte seines Vermögens nach Ägypten heimkehren wolle. Der Alexandriner wählte das letztere und kam als reicher Mann in seine Heimat zurück, wo er bis zu seinem Ende ruhig lebte und niemals wieder einen Verlust erlitt. – Hier, mein Sohn, ist meine Geschichte zu Ende, die dir zeigen sollte, wie ganze Freundschaft beschaffen ist«, sprach der Vater und fügte hinzu: »Daß ganze Freundschaft selten ist, hast du selbst erfahren: Von denen, die sich in den Tagen des Glückes deine Freunde nennen, bleibt in der Stunde der Not kaum einer übrig, der sich als zuverlässig erweist!«

Nach diesen Worten starb der Vater. Der Sohn aber beherzigte, was er vernommen hatte, und wählte fortan seine Freunde mit größerer Klugheit.

Märchen aus Island

Von dem getreuen Halten eines Versprechens

Es gab einst einen Kaiser, in dessen Reich lebten zwei Räuber, die hatten miteinander einen Bund geschlossen, daß keiner den andern in der Not verlassen, sondern ein jeder für den andern sein Leben einsetzen sollte. Die beiden verübten miteinander vielerlei Übeltaten, sowohl Diebstähle als auch Mordtaten.

Nun begab es sich einmal, daß der eine ohne den andern und in dessen Abwesenheit bei einem Diebstahle gefangen und in Fesseln in einen Kerker geworfen wurde. Wie das sein Geselle, der andere Räuber, hörte, kam er zu ihm und sprach: »Mein lieber Geselle, sage mir aufs Wort, durch das wir miteinander verbunden sind, was wird aus dir werden?« Jener antwortete: »Wie es mir vorkommt, muß ich des Todes sterben, weil ich beim Stehlen ergriffen worden bin. Wenn du tun willst, was ich dir sage, so werde ich dir sehr verpflichtet sein. Ich habe eine Frau, eine Familie und auch ganz kleine Kinder; über diese habe ich noch nichts festgesetzt, auch nichts über mein Vermögen. So du nun den Richter befragen wolltest, ob du für mich im Gefängnis bleiben dürftest, indessen ich nach Hause gehen und über meine Frau und Familie und über mein Gut eine Anordnung treffen kann, will ich zur rechten Zeit wieder hier sein und dich erlösen.« Der andere antwortete: »Das will ich treulich erfüllen.«

Er machte sich also zum Richter auf und sprach: »Mein Freund ist gefangen worden und liegt im Kerker. Wie ich denke, wird er dem Tode nicht entgehen. So es Euch nun gefällig ist, hätte ich an Euch nur eine einzige Bitte, nämlich daß Ihr ihm gestattet, nach seinem Hause zu gehen, um vor seinem Tode über seine Frau und Familie zu verfügen. Indessen will ich, damit Ihr über ihn sicher sein könnt, an seiner Stelle im Gefängnis bleiben, bis er zurückkommt.« Darauf erwiderte der Richter: »An dem und dem Tage wird über ihn und die andern Gericht gehalten werden. Wenn er nun aber an diesem Tag nicht zurückkehrt, was wirst du dann antworten?« Der Räuber versetzte: »Ich will Euch jegliche Sicherheit geben, welche Euch beliebt, und wenn er nicht kommt, um seiner willen den Tod leiden.« Darauf sprach der Richter zu ihm: »Wir wollen deine Bitte erhören, jedoch so, daß wir dich im Gefängnis halten, bis jener zurückkehrt.« Und er antwortete: »Also ist es mir recht.«

Hierauf ließ der Richter diesen ins Gefängnis stecken, den andern aber frei seine Straße ziehen. Der ging nun nach Hause und traf seine Anordnungen wegen seiner Frau, seiner Kinder und seiner Familie und hielt sich bis zum dritten Tag, an welchem alle Missetäter vor den Richter gebracht wurden, daselbst auf. Mit den Missetätern ward auch der, welcher so bereitwillig für seinen Freund ins Gefängnis gegangen war, jenem statt des Freundes vorgeführt. Da sprach der Richter zu ihm: »Wo ist denn dein Freund, der heute zurückkommen und dich erlösen und retten sollte?« Er entgegnete: »Herr, wie ich hoffe, wird er nicht ausbleiben.« Der Richter wartete lange, ob der andere vielleicht komme, allein er kam nicht. Alsbald fällte er den Spruch, man solle den Freund zum Galgen führen, und also geschah es. Da sprach der Richter zu ihm: »Mein Lieber, rechne es allein dir, nicht aber mir zu, daß du jetzt sterben mußt, denn du warst es, der gesagt hat, dein Freund werde kommen und dich erlösen.« Er antwortete aber: »Da ich nun sterben muß, Herr, bitte ich Euch inständig, daß ich vor meinem Tode noch einmal anklopfen darf.« Der Richter wunderte sich und fragte: »Was soll das für ein Anklopfen sein?« Und er entgegnete: »Ich will, bevor ich sterbe, noch dreimal laut rufen.« »Mir ist's recht«, antwortete der Richter, worauf der andere mit lauter Stimme zu rufen anfing, zum ersten und zweiten und dritten Mal. Dabei sah er sich rings um und sah in der Ferne einen Mann behenden Laufes herbeieilen und sagte zu dem Richter: »Schiebt meinen Tod noch auf! Ich sehe einen Mann kommen. Vielleicht ist es mein Geselle, der mich erlösen wird.« Wie auch der Richter den Mann sah, wartete er, und als der Mann anlangte, siehe, da war es der Geselle, und er sprach zu dem Richter: »O Herr, ich bin der, der daheim über seine Güter verfügt hat und für den der Freund indessen in Todesgefahr schwebte. Laßt jenen nun ungehindert weggehen, denn ich bin bereit, für meine Sünden den Tod zu leiden.« Da sah ihn der Richter scharf an und sprach: »Mein Lieber, sage mir, warum ihr einander so treu seid.« Jener erwiderte: »Von unserer Kindheit an hat jeder von uns dem andern das Wort gegeben, ihm in allem getreu zu sein. Das ist die Ursache, warum er meine Stelle vertreten hat, bis ich mein Haus bestellt hatte.« Da sprach der Richter: »Weil die Sache so ist, erlasse ich dir die Hinrichtung«, und sprach weiter zu beiden: »Seid mir treu, und ihr könnt für die Zukunft bei mir bleiben. Ich will aus meinen Mitteln in allem für euch sorgen.« Die beiden Räuber antworteten: »Wir geloben Euch vollständig unsere Treue.«

Also nahm sie der Richter zu Gnaden an, und alle lobten ihn, daß er so voll Erbarmen gegen sie gewesen war.

Aus den »Gesta Romanorum«

Der Kaisersohn und der Schusterssohn

Es war einmal ein Kaiser, der hatte nur einen einzigen Sohn, den er sehr liebte. Damit der Knabe nicht allein aufwachse, gab ihm der Vater den Sohn des Schusters zum Gespielen, der im gleichen Alter war. Die beiden wurden unzertrennlich, und auch die Jahre, die vergingen, änderten nichts daran. Dem Kaiser aber gefiel die innige Freundschaft der beiden Jünglinge nicht. Er ließ seinen Sohn zu sich kommen, tadelte ihn und sprach: »Für eines Kaisers Sohn schickt es sich nicht, mit dem Sohn eines Schusters Umgang zu haben. Geh und suche dir Gefährten, wie sie deinem hohen Stande ziemen!« Der Kaisersohn liebte seinen Freund jedoch zu sehr, als daß er sich dem Verlangen des Vaters gefügt hätte, und so erdachte dieser einen klugen Plan, um die Jünglinge voneinander zu trennen. Er wählte einige Hofleute aus, die ihm treu ergeben waren, vertraute ihnen seinen Sohn an und schickte sie auf eine weite Reise zu einem geheimen Ort. Dann ließ er dem Schuster durch einen seiner Diener einen schweren Beutel mit Gold bringen. »Dieses Gold sendet dir unser gnädiger Kaiser«, sprach der Diener. »Es soll dein sein, wenn es dir gelingt, deinen Sohn zu überreden, die Heimat für immer zu verlassen.« Der Schuster nahm den Beutel und befahl seinem Sohn, in die Welt zu gehen. Der Sohn gehorchte und zog schweren Herzens von dannen.

Einige Zeit war vergangen, da kehrte der Sohn des Kaisers in die Heimat zurück. Wie groß war aber sein Kummer, als er seinen liebsten Freund, den Schusterssohn, nirgends fand! Er fragte überall nach ihm und wollte schier verzweifeln, als ein treuer Diener schließlich Mitleid hatte und ihm die Wahrheit entdeckte. Gleich sattelte der Kaisersohn sein Pferd und machte sich auf, um den Freund zu suchen. Durch viele fremde Städte und Länder mußte er reiten, bis er den Schusterssohn endlich wiederfand. Da waren die beiden über alle Maßen froh und glücklich. Sie umarmten sich und versprachen einander, sich nie mehr zu trennen, was immer auch geschehen möge. Darauf machten sie sich gemeinsam auf den Heimweg.

Eines Tages kamen sie durch einen dichten Wald und sahen auf einmal eine schöne Prinzessin, die mit starken Strikken an einen Baum gefesselt war und von einem dreiköpfigen Drachen bewacht wurde. Kaum erblickte das Mädchen die beiden Jünglinge, da rief es sie flehentlich um Hilfe an. Sie zogen beide zur selben Zeit ihr Schwert und schlugen auf den Drachen ein. Das Untier wehrte sich wild und bäumte sich auf, da gelang es dem Schusterssohn, dem Drachen sein Schwert mitten ins Herz zu stoßen und ihn zu töten. So war die Prinzessin gerettet und dankte den Jünglingen von Herzen. »Dem will ich angehören«, sprach sie, »der dem Drachen den Todesstoß versetzt hat.« Wie aber der Schusterssohn merkte, mit welcher Liebe der Kaisersohn die Prinzessin anblickte, trat er zum Freund und sprach: »Nimm du sie zur Gemahlin. Um deinetwillen verzichte ich gern, denn ich habe dich lieber als mein Leben.«

Da nahm der Kaisersohn die Prinzessin zu sich auf sein Roß, und sie ritten zu dritt weiter. In der Nacht schliefen sie auf weichem Moos und kamen am nächsten Tag aus dem Wald hinaus.

Um die Mittagsstunde, als die Sonne hoch am Himmel stand und heiß herniederbrannte, machten sie unter einem Baum Rast. Während die Prinzessin und der Kaisersohn eng aneinandergeschmiegt schliefen, lag der Schusterssohn wach. Da hörte er auf einmal zwei weiße Tauben miteinander sprechen. »Ach«, sagte die erste, »sieh die drei da unten im Gras! Noch sind sie glücklich und wissen nicht, welch trauriges Schicksal ihrer harrt!«

»Ja«, erwiderte die zweite, »groß ist das Unglück, das ihnen bevorsteht. Wer könnte sie davor bewahren? Bald werden sie zu einem Brunnen kommen und ihren Durst mit seinem Wasser stillen wollen. Die Mutter des Drachen, den sie getötet haben, hat das Wasser vergiftet. Trinken sie davon, müssen sie sterben. Wer sie aber warnt, den trifft selbst ein Unglück, denn er wird bis zur Hüfte zu Stein.«

»Auch wenn sie an dem Brunnen keine Rast machen«, fuhr die erste Taube fort, »ist die Gefahr nicht vorüber. Nicht lange, und sie werden zu einem Orangenbaum kommen, der voll goldener Früchte hängt. Die Mutter des Drachen, den sie getötet haben, hat die Früchte vergiftet. Essen sie davon, müssen sie sterben. Wer sie aber warnt, den trifft selbst ein Unglück, denn er wird bis zum Herzen zu Stein.«

Darauf sprach die zweite Taube: »Ach, die Armen, auch wenn sie nicht von den Orangen kosten, sind sie der Gefahr noch nicht entronnen, denn in der Hochzeitsnacht wird ein siebenköpfiger Drache – der Bruder des Drachen, den sie getötet haben – in das Brautgemach eindringen, um die schöne Braut für immer zu entführen.«

»Ja«, setzte die andere Taube hinzu, »wenn aber einer im Brautgemach wacht und den Drachen tötet, ist die Gefahr gebannt und die Prinzessin gerettet. Nur darf er den Grund nie verraten oder sie warnen, sonst ist er verloren und wird zu Stein vom Scheitel bis zur Sohle.« So sprachen die weißen Tauben und flogen davon. Als der Kaisersohn und seine Braut bald danach erwachten, verriet ihnen der Schusterssohn nicht, was er während ihres Schlummers gehört hatte, und schwieg still. Er bewahrte die Worte der Tauben aber getreulich in seinem Herzen und vergaß keines.

Sie ritten nun weiter, doch bald quälte sie großer Durst, und so waren sie froh, als sie nicht weit vom Weg einen Brunnen entdeckten. Wie der Kaisersohn sich aber über den Brunnenrand beugte und Wasser in der hohlen Hand schöpfte, schlug ihm der Schusterssohn das Wasser aus der Hand und warf Sand und schmutzige Blätter in den Brunnen, die das Wasser trübten. Der Kaisersohn verwunderte sich darüber, doch er sagte nichts. Durstig ritten sie weiter und kamen nach einiger Zeit zu einem Orangenbaum voller Blüten und Früchte, die köstlich dufteten. Noch bevor aber die Prinzessin ihre Hand nach einer reifen Orange ausstrecken konnte, um sie zu pflücken und ihren Hunger und Durst daran zu stillen, legte der Schusterssohn Feuer an den Baum, so daß er hell auflodernd verbrannte. Der Kaisersohn verwunderte sich sehr darüber, doch fragte er nichts.

Endlich gelangten sie wieder in ihre Heimat, und die Freude über ihre glückliche Heimkehr war im Schusterhaus und im Kaiserpalast gleich groß. Als der Kaiser von der Tapferkeit des Schusterssohnes und seiner Großmut vernahm, wollte er den Jüngling reich belohnen, doch dieser sprach: »An Geld und Gut ist mir nicht gelegen, doch wenn Ihr mir einen Herzenswunsch erfüllen wollt, so erlaubt mir, die Brautnacht mit den Brautleuten in der Kammer zu verbringen.«

Alle verwunderten sich über diese Bitte, doch wurde sie ihm gewährt. Als nun am Abend des Hochzeitstages die jungen Brautleute in ihr Schlafgemach gingen, trat der Schusterssohn mit ihnen ein. Kaum hatte das Brautpaar sich zur Ruhe gelegt, so fiel es auch schon in einen tiefen, bleiernen Schlaf. Als die Mitternachtsstunde anbrach, drang ein siebenköpfiger Drache in die Kammer ein. Schon wollte er die Braut ergreifen, da sprang der Schusterssohn vor und tat mit seinem scharfen Schwert so gewaltige Schläge, daß das Untier zu Boden stürzte und verschied. Dann packte er es, schleifte es in den Garten und vergrub es heimlich in dessen dunkelstem Winkel. Einige Zeit war seit der Hochzeit vergangen. Nichts trübte das Glück der jungen Eheleute und nichts die innige Freundschaft, die den Schusterssohn und den Kaisersohn noch immer miteinander verband. Da aber regten sich Neid und Mißgunst unter den Räten des Kaisers. Sie begannen zu tuscheln und zu flüstern und streuten böse Verleumdungen über den Schusterssohn aus. »Wer weiß, warum er den Lohn, den ihm der Kaiser bot, ausgeschlagen hat, arm, wie er ist … Wer weiß, was in der Hochzeitsnacht im Brautgemach geschah … Seht nur, seht, mit welchen Blicken er die junge Kaiserin anschaut! So schaut keiner die Gemahlin eines Freundes an«, so sprachen sie heimlich untereinander, und es dauerte nicht lange, da kamen ihre Reden dem alten Kaiser zu Ohren. Er rief seinen Sohn zu sich, unterrichtete ihn über das, was er gehört hatte, und sprach: »Bring die bösen Zungen zum Schweigen! Frage deinen Freund, was ihn zu seinem sonderbaren Wunsch getrieben habe, und mache seine Antwort aller Welt bekannt!«

Der junge Kaiser ging zu dem Schusterssohn und sprach: »Liebster Freund, sage mir, warum du in meiner Brautnacht mit mir im Brautgemach hast sein wollen!« Der Schusterssohn gab keine Antwort, und selbst als der Freund ihn um ihrer Freundschaft willen bat, ihm den wahren Grund zu nennen, wollte er ihn nicht offenbaren. »Ich bitte dich, hab Vertrauen zu mir und laß mich schweigen. Wenn ich spräche, geschähe ein großes Unglück, das auch dich in tiefe Verzweiflung stürzen würde!« Der junge

Kaiser geriet über die hartnäckige Weigerung des anderen in solchen Zorn, daß er rief: »So haben die Räte wohl recht mit ihren Verdächtigungen, denn welchen Grund könnte es geben, daß ein Freund ihn dem Freunde nicht gestehen kann? Wenn du weiter schweigst, so will ich dein Freund nicht länger sein!«

Da entschloß sich der Schusterssohn schweren Herzens zu sprechen, und wie er so sprach, siehe, da wurde er bis zur Hüfte zu Stein. »Halt ein!« rief der junge Kaiser, doch der Schusterssohn wollte nun nichts mehr verschweigen und die ganze Wahrheit aufdecken. »Grabt im Garten nach, so werdet ihr zum Beweis den Drachen finden«, sprach er mit seinem letzten Atemzug, dann war er zu Stein verwandelt vom Scheitel bis zur Sohle und rührte sich nimmermehr. Als der junge Kaiser im Garten nachgraben ließ, wurden die Knochen des Drachen gefunden, und so erkannte er, daß der Freund die Wahrheit gesprochen und sich für ihn geopfert hatte. Da weinte er bittere Tränen der Reue, und seine Gemahlin weinte und trauerte mit ihm. Selbst als ihnen bald darauf ein schönes Kind geboren wurde, konnte es ihren Kummer nicht lindern. Jeden Tag gingen sie zu dem steinernen Bild und gedachten traurig des verlorenen Freundes. Wie sie einmal wieder bei dem Bilde saßen und es mit ihren Tränen netzten, da begann es zu sprechen. »Es gibt wohl ein Mittel, wodurch ihr mich erlösen könnt«, so sprach es, »doch wird ein großes Opfer von euch verlangt! Ihr müßt euer Kind töten und sein Blut über mich ausgießen, dann erhalte ich mein Leben zurück.« Als sie diese Worte hörten, erschraken sie zu Tode, doch dann riefen sie wie aus einem Munde: »So sehr wir unser Kind auch lieben, wollen wir dies Opfer doch für dich bringen, denn du hast ja dein Leben für unsere Rettung geopfert!« Indem der Kaiser aber sein Schwert zog und zum Todeshieb ausholen wollte, stand der treue Freund auf einmal lebendig vor ihnen. Da wandelte sich all ihre Verzweiflung in Freude, und in Glück und Zufriedenheit verging ihnen die Zeit bis zu ihrem Lebensende.

Märchen aus Frankreich

Freundestreue

Ich habe da eine Geschichte und dazu ein paar Worte zu sagen. Ich grüße euch, as-selamu ʿaleikum! Ich bin Goni Bomari und möchte euch etwas erzählen, eine Geschichte von Freundestreue.

Einmal lebten zwei Männer, die hatten großes Vertrauen zueinander. Nichts konnte sie auseinanderbringen, nichts brachte sie dazu, daß sie stritten. Der erste Mann wurde arm, da sagte er zu seinem Freund, daß er weggehen müßte, um Geld zu verdienen. Er bat seinen Freund, sich um seine Frau und seine Familie zu kümmern, während er weg war. »Gut«, sagte der Freund, »ich werde mich um sie kümmern«, und der erste Mann ging weg.

Jeden Tag kommt der zweite Mann und sieht nach der Ehefrau seines Freundes, aber die Frau ist keine ehrbare Frau. Sie will den Freund ihres Mannes in sich verliebt machen. Sie flicht sich Zöpfe und bindet sich lauter klimpernde Sachen um die Taille, um ihm zu gefallen. Sie versuchte jeden Tag aufs neue, ihn zu verführen. Schließlich war der Mann ihre Verführungsversuche leid und sagte zu ihr: »Gib mir einen Spiegel; ich will mir mein Gesicht im Spiegel ansehen.« Sie sollte ihm auch irgendein spitzes Werkzeug geben, mit dem er sich einen Dorn herausmachen wollte, der ihm im Fuß saß. Sie gab ihm alles, was er verlangte. Der Mann stach sich mit der Ahle, die sie ihm gab, aber die Augen aus und sagte zu ihr: »Du wirst mich nur verführen, wenn ich dich sehen kann!«

Nach einiger Zeit kehrte der erste Mann zurück. Er suchte seinen Freund auf und war bestürzt, daß er blind war. »Was ist dir zugestoßen, mein Freund?« fragte er, und der Freund antwortete: »Das war mir vom Schicksal bestimmt.« Er fragte noch einmal, doch sein Freund verriet das Geheimnis der treulosen Frau nicht. Eine alte Frau, die in der Nähe lebte, erzählte ihm aber, wie sein Freund seine kostbaren Augen verloren hatte. »Wie kann ich ihm seine Augen wiedergeben?« fragte er die alte Frau. »Das ist schwer«, sagte sie. »Wieso ist das schwer?« rief er, und da erklärte die alte Frau ihm, daß er seinen kleinen Sohn, der ihm jeden Tag beim Heimkommen entgegenlief, schlachten müßte. Dann müßte das Herz des Jungen gebraten und dem Freund als Medizin verabreicht werden, sonst müßte der für immer blind bleiben. »Das ist sehr schwer«, sagte der Mann, »aber ich will es versuchen.« Und er ging hin und schlachtete sein Kind im Busch und briet dessen Herz und gab es seinem Freund zu essen. Kaum hatte der Blinde die Medizin geschluckt, konnte er wieder sehen. Da jubelten alle und waren überglücklich.

Nach einiger Zeit wurde der Mann aber neugierig und wollte wissen, wie sein Freund sich die wunderbare Medizin verschafft hatte. Er forschte nach, und die alte Frau erzählte ihm die traurige Geschichte. »Du fragst, wie dein Freund an die Medizin gekommen ist? ... Siehst du hier etwa seinen Sohn, seinen kleinen, unschuldigen Sohn? Nein! Er hat das Kind nämlich getötet«, so erzählte sie, »und das gebratene Herz des Kindes war deine Medizin.«

Da war der Mann traurig, er war seinem guten Freund aber auch sehr dankbar. Er ging zu ihm und bat ihn, mit ihm zu dem Ort zu gehen, wo er das Kind getötet hatte. Der

Freund wollte nicht, doch er bestand darauf. Sie gingen zusammen in den Busch, aber zu ihrer Verwunderung war das Kind nicht tot, nein, es schwamm munter in einem kleinen Teich voll frischer Milch. Sie hoben das Kind heraus, und überall, wo sie hinkamen, gab es Musik und Freudentriller, und in beiden Häusern herrschten Freude und Glück.

Kann es eine solche Freundschaft in unserer heutigen heruntergekommenen Zeit überhaupt noch geben? Nein, sage ich, solche Freundschaft und Treue kann es heutzutage nicht mehr geben! Man sagt aber, daß wenn einer für dich seine Mutter getötet hat, du für ihn wenigstens deine Tante töten mußt. So war es richtig, daß der zweite Freund seinen kleinen Sohn getötet hat.

Märchen der Kanuri aus Nigeria

Sonnenschein und Mondenschein

Fern von hier lebte einmal ein großer König, der hatte einen Sohn, auf dessen Stirn eine Sonne glänzte, weshalb alle Leute den kleinen Prinzen »Sonnenschein« nannten. Als der Knabe zwei Jahre alt war, starb seine Mutter. »Was soll nun werden?« dachte der König bei sich. »Wer wird nun für das Kind sorgen? Ich habe nicht Zeit genug, es zu tun. Am besten, ich suche mir eine neue Frau.« Also geschah es. Der König heiratete zum zweiten Mal und nahm ein armes Mädchen zur Gemahlin. Nach einem Jahr brachte die junge Königin einen Sohn zur Welt, der hatte mitten auf der Stirn einen goldenen Mond, so daß alle Leute ihn »Mondenschein« nannten. Die beiden Knaben wuchsen miteinander auf und hatten einander so lieb, daß keiner lange ohne den anderen sein mochte. Die Königin aber liebte nur ihren eigenen Sohn; ihren Stiefsohn hingegen haßte sie und schlug und quälte ihn, wo sie nur konnte.

Da geschah es, daß die Königin in der heiligen Johannisnacht* nicht schlafen konnte und sah, wie drei Urmen** in das Zimmer der Knaben eintraten und vor deren Lager stehenblieben. Die erste Urme sprach: »Schwestern, wir wollen diese beiden Knaben glücklich machen.« Da sprach die zweite: »Sonnenschein soll König werden.«

* Im Volksglauben der Zigeuner ist die Johannisnacht die Zeit, wo die überirdischen Wesen die Menschen besuchen und ihnen nützen oder schaden können; s. auch Nachwort.

** Urmen sind die Feen der Zigeuner; es gibt gute und schlechte Urmen.

Die dritte Urme sprach: »Mondenschein soll ein reicher Mann werden.« Hierauf sprach die erste Urme: »Unter das Polster Sonnenscheins lege ich ein goldenes Ei, und unter das Polster Mondenscheins lege ich ein silbernes Ei. In der Frühe werden sie die Eier finden, und jeder wird das Ei verzehren, das ihm zugedacht ist.« Wie sie gesagt hatte, so tat sie, und darauf gingen die drei Urmen fort. Die Königin konnte lange nicht einschlafen. Sie war außer sich vor Galle, daß Sonnenschein König werden, ihr eigener Sohn aber nur großen Reichtum erlangen sollte. Das mochte sie nicht zulassen. Sie stand deshalb auf, ging heimlich zum Lager der beiden Königssöhne und vertauschte die Eier. Danach legte sie sich wieder nieder und schlief beruhigt ein. In der Nacht aber geschah es, daß die beiden Knaben ihr Lager tauschten, so daß am Morgen jeder das für ihn von den Urmen bestimmte Ei aß. Als sie aufgestanden waren, sprach Mondenschein zu seiner Mutter: »Heute früh habe ich unter meinem Polster ein silbernes Ei gefunden und es gegessen. Sonnenschein aber fand unter seinem Polster ein goldenes Ei. Er gab es mir, doch ich wollte es nicht annehmen, so daß er es selbst aß.«

Als die Königin dies hörte, wurde sie so zornig, daß sie Mondenschein zum ersten Mal in seinem Leben schlug. »Warum hast nicht du das goldene Ei gegessen?« rief sie. »Nun wird Sonnenschein König werden, du aber wirst nur ein reicher Mann!«

Da erwiderte Mondenschein: »Ich will nicht König werden, Sonnenschein soll es sein, denn er ist der ältere.« Wie er diese Worte sprach, fiel lauteres Gold aus seinem Mund. Die Königin freute sich darüber, doch wurde ihr Neid auf Sonnenschein, den künftigen König, dadurch nicht geringer, und sie ließ nicht davon ab, ihn zu verfolgen und ihm Leid anzutun. Deshalb sagte Sonnenschein eines Abends zu seinem Stiefbruder: »Liebster Mondenschein, ich muß dich verlassen und in die weite Welt gehen, denn deine Mutter verfolgt mich und will mich töten lassen, wie mir von einem treuen Diener berichtet wurde.« Mondenschein begann zu weinen und sprach: »Ich bitte dich, verlaß mich nicht, liebster Bruder! Ich habe dir nie ein Leid zugefügt, deshalb bereite du mir nun nicht Schmerz und Pein, indem du allein in die Welt ziehst und mich im Stich läßt!« Diese Worte rührten Sonnenschein ans Herz, und er sprach: »Wenn es so ist, daß du mich lieber hast als deine Mutter, komm mit mir!« Und die Brüder verließen heimlich das Schloß ihres Vaters und zogen in die Welt.

Lange Zeit wanderten sie von Land zu Land und kamen schließlich in einen großen Wald, in dem ein neunköpfiger Drache wohnte, der in seinem Hause eine wunderschöne Prinzessin gefangenhielt. Als die beiden Jünglinge zu dem Haus des Drachen kamen, war dieser nicht daheim, und die Königstochter rief ihnen zu: »Flieht, so rasch ihr könnt! Wenn der Drache euch hier findet, wird er euch fressen!« Die Brüder aber fürchteten sich nicht und traten ein. Sie ließen sich von der Königstochter ihre Geschichte erzählen und erfuhren, daß sie das Mädchen befreien könnten, wenn sie dem Drachen eine neunundneunzig Meilen tiefe Grube mit Gold füllten. Da rief Mondenschein: »Ich werde die Grube füllen!« Er ging hinaus, trank Wasser und ließ es dann aus seinem Mund in die Grube fließen, wobei es sich in Gold verwandelte und die Grube bis zum Rand füllte. Als der Drache nach Hause kam und sah, daß die Grube voller Gold war, ließ er die Königstochter mit ihren Rettern von dannen ziehen.

Die Königstochter aber heiratete beide Brüder, denn sie hatte beide lieb, und die beiden liebten sie in gleicher Weise. Sie kehrten in ihr Heimatland zurück, und als der alte König starb, wurde Sonnenschein sein Nachfolger.

Seine Stiefmutter aber sah er nicht wieder. Sie lebte nach dem Tode ihres Gemahls einsam und allein in einem kleinen Haus im Walde, wo ihr Sohn Mondenschein sie bisweilen besuchte.

Märchen der siebenbürgischen Zigeuner

Die Rehprinzessin

Es waren einmal ein junger Prinz und eine junge Prinzessin, die einander von klein auf kannten und liebten, und deshalb war auch bestimmt worden, daß sie einander heiraten sollten, sobald die Prinzessin erwachsen war. Sie zählte erst zwölf Jahre und hatte eine Stiefmutter, die eine böse Hexe war und ihr kein Glück gönnte. Die Stiefmutter drohte der Königstochter, sie zu verhexen, wenn sie ins Brautbett steige, so daß sie als ein wildes Reh in Wald und Moor umherlaufen müsse. Darüber war die junge Prinzessin traurig, denn sie wünschte sich von ganzem Herzen, ihren Prinzen zu heiraten und seine Gemahlin zu werden. Er aber wußte nicht, was ihnen bevorstand, weil sie es ihm nicht zu erzählen wagte.

Eines Tages ging die Prinzessin in den Wald hinaus, wo arme Leute wohnten, die sie kannte und die eine Tochter im selben Alter wie sie hatten. Sie fragte, ob die Tochter mit ihr kommen dürfe, um ihr hilfreich zur Hand zu gehen. Sie wolle das Mädchen kurze Zeit zur Probe haben und es ganz bei sich behalten, wenn sie mit ihm zufrieden sei. Darüber waren die Eltern sehr erfreut, und die Tochter war es auch und ging mit nach dem Schlosse. Die Prinzessin behielt sie drei Tage bei sich und erzählte ihr vielerlei, doch verbot sie ihr, zu irgend jemandem davon zu sprechen. Am dritten Abend sagte die Königstochter zu dem Mädchen, jetzt könne es nach Hause gehen und seine Eltern besuchen und die Nacht über dortbleiben. Am nächsten Morgen solle es zurückkommen, dann werde sie ihm sagen, ob sie es länger behalten wolle. Das Mädchen ging also nach Hause, aber die

Prinzessin ging ihm nach und blieb draußen vor dem Fenster stehen, um zu hören, ob es schweigen könne oder alles ausplaudere. Als das Mädchen zu den Eltern hineinkam, gab es ein Fragen nach allem, was es gesehen und gehört und erlebt und auch nach dem, was die Königstochter ihm gesagt habe, und die Tochter polterte mit allem heraus. Da ging die Königstochter nach Hause und wußte, daß sie dieses Mädchen nicht brauchen konnte.

Am folgenden Tag ging die Königstochter und holte sich ein anderes Mädchen ihres Alters ins Haus, aber das konnte ebensowenig schweigen wie das erste, und nicht anders erging es ihr noch mit mehreren. Endlich kam sie zu bitterarmen Leuten und nahm deren Tochter mit. Die Eltern ermahnten das Kind, sich gut zu betragen und sich nicht auf Klatschereien einzulassen; das Mädchen versprach es und ging mit. Nach drei Tagen ließ die Prinzessin es abends nach Hause gehen, um seine Eltern bis zum nächsten Tag zu besuchen, und sie ging ihm selber nach und blieb draußen stehen, um zu hören, was sie sprächen. Als das Kind in die Hütte kam, fragten seine Eltern zuerst, ob es sich gut betragen habe. Ja, das glaube es wohl. Darauf sagten sie ihm, es müsse recht anstellig und treu sein, dann werde die Prinzessin es auch ferner gut behandeln. Dann beteten sie zusammen den Abendsegen und legten sich alle drei schlafen.

Die Königstochter ging nach Hause, und als das Mädchen am anderen Morgen zu ihr zurückkam, sagte sie ihm, sie wolle es gern behalten. Die Tochter der armen Leute ward nun im Königsschlosse erzogen und gemeinsam mit der Königstochter unterrichtet, und die beiden Mädchen wurden Herzensfreundinnen. Die Tochter der armen Leute wuchs zu einer schönen Jungfrau heran, welche der Königstochter aufs Haar glich, und weil die beiden Mädchen immer gleich gekleidet gingen, wurden sie von allen verwechselt.

Als es nun so weit war, daß der Prinz und die Prinzessin Hochzeit halten sollten, erzählte die Prinzessin der Freundin, was in der Brautnacht geschehen werde, und sie vereinbarte mit ihr, daß sie in ihrer Nähe bleiben und zu dem Bräutigam ins Brautbett springen solle, wenn sie selbst verwandelt werde. Sie wolle nicht, daß er etwas merke; er solle keinen Kummer erleiden.

Das Mädchen liebte die Freundin so sehr, daß es wissen wollte, ob es denn gar nicht möglich sei, sie vor diesem Unglück zu bewahren, und fragte: »Kann denn nicht ich an deiner Statt ein Reh werden?«

»Nein«, sagte die Prinzessin, »das ist unmöglich. Aber drei Jahre hintereinander am ersten Weihnachtsabend um Mitternacht kannst du mich in der Laubhütte draußen im Wald treffen, dann erhalte ich meine menschliche Gestalt für eine Stunde zurück, und wir können lange miteinander reden.«

Der Hochzeitstag kam heran, die Hochzeit wurde gefeiert, und es geschah, wie die böse Stiefmutter gedroht hatte: In demselben Augenblick, als die Königstochter ihren Fuß in das Brautbett setzte, ward sie in ein Reh verwandelt und lief in Wald und Moor hinaus. Doch war die Freundin zur Stelle und nahm ihren Platz an der Seite des Königssohnes ein, und er merkte den Tausch nicht. Da bat ihn das Mädchen, welches er für die Prinzessin hielt, er möge es noch sein Spieljahr und sein Mädchenjahr und sein Spinnjahr Jungfrau bleiben lassen. Er schlug es ihm nicht ab und legte sein Schwert zwischen sie. Bald darauf starb der Vater des Prinzen, so daß er nun König wurde und die Tochter der armen Leute seine Königin. In der ersten Weihnachtsnacht stand sie von ihrem Lager auf, ohne daß der König es merkte, und ging in den Wald zur Laubhütte, um die rechte Königin zu treffen und mit ihr zu sprechen. Das gleiche tat sie im folgenden Jahre wieder, doch blieb es einigen Leuten nicht verborgen, und sie begannen zu munkeln, daß bei der Königin wohl nicht alles mit rechten Dingen zugehe, da sie sich jeden Weihnachtsabend aus dem Schlosse fortstehle. Das kam auch dem König zu Ohren, und am nächsten Weihnachtsabend blieb er wach und stellte sich nur, als ob er schlafe. Als seine junge Königin aus dem Schloß fortging, folgte er ihr heimlich in den Wald bis zu der Laubhütte und hörte sie dort mit der rechten Königin reden, die fragte: »Wie lebt ihr miteinander?«

»Wie Schwester und Bruder«, erwiderte die Freundin. Sie seufzte und sprach: »Ach, gibt es denn gar kein Mittel, durch das ich dich erlösen könnte?«

»Nein«, gab die andere zur Antwort, »du kannst mir nicht helfen. Diese Nacht ist es nun wohl das letzte Mal, daß du mich in meiner menschlichen Gestalt siehst, denn es gibt nur ein einziges Mittel, durch das ich gerettet werden könnte: Ein reiner und unschuldiger Königssohn müßte kommen und mich mit seinem Schwert blutig verwunden, doch dürfte er nicht darum gebeten werden. Wie sollte so etwas geschehen?« So sprach sie traurig und ward alsbald in ein Reh verwandelt und sprang aus der Laubhütte fort. In demselben Augenblick zog der König sein Schwert und stach nach dem Reh, und kaum floß das Blut aus der Wunde, erhielt die junge Königin ihre menschliche Gestalt zurück. Froh kehrten sie auf ihr Schloß zurück und lebten dort viele Jahre glücklich beisammen als König und Königin. Die treue Freundin aber blieb bei ihnen, und sie liebten sie wie ihre eigene Seele.

Märchen aus Dänemark

Leila und Keila

Im Land der Türken lebte einst ein Statthalter, der hatte ein schlechtes Herz. Er bedrückte die Armen und nahm sich von ihnen, was er nur kriegen konnte, weil der Sultan ihn nicht bezahlte.

Einmal geriet der Statthalter mit einem armen Tischler in Streit, und um sich zu rächen, legte er ihm auf, dreihundert Unzen Gold an ihn zu zahlen. Der Tischler besaß aber weiter nichts als gerade diese Summe und geriet nach deren Zahlung in die größte Not und Verzweiflung.

Der Tischler hatte eine Tochter mit Namen Leila, die über die Maßen häßlich war. Sie war bucklig, pockennarbig, auf einem Auge blind ... Kurz: Sie war so häßlich, daß sie das Meer wild machen konnte. Leila hatte aber eine Freundin, die ebenso schön wie Leila häßlich war. Sie hieß Keila, und die beiden Mädchen liebten einander so sehr, daß viele sie für Schwestern hielten.

Einmal, gerade an dem Tag, nach welchem Leilas Vater dem Statthalter all sein Geld hatte übergeben müssen, traf Leila bekümmerten Herzens mit ihrer Freundin zusammen. Keila merkte gleich, daß Leila etwas zugestoßen war. Sie umarmte sie und bat: »Erzähl mir, was geschehen ist!« Da erzählte Leila mit Tränen in den Augen, was der Statthalter ihrem Vater angetan hatte. Keila tröstete sie und sprach: »Arme, arme Leila, du hast Grund, zu weinen, aber gräm dich nicht zu sehr! Wir wollen Gott bitten, daß er uns hilft, ein Mittel zu finden, durch welches dein Vater sein Geld sogar mit Zinsen zurückerhält.«

Als Keila ihre Freundin nach vier Tagen in der Moschee wiedertraf, flüsterte sie ihr zu: »Hör, Leila, ich muß dir etwas sagen!« Und leise erzählte sie, welchen Streich sie sich für den Statthalter ausgedacht hatte. Der Streich gefiel Leila sehr, und die beiden Freundinnen gingen zu Leilas Vater und weihten ihn in ihren Plan ein. Der Tischler befand den Plan für gut, und sie kamen überein, mit der Ausführung schon am folgenden Tag zu beginnen.

Am nächsten Morgen begab sich Keila tief verschleiert zum Palast des Statthalters und bat, er möge sie empfangen; sie wolle ihn um eine Gnade bitten. Der Statthalter ließ ihr ausrichten, daß er sie erwarte. Sie stieg in den Saal hinauf, in dem er sich aufhielt, sank vor ihm ihn die Knie und rief: »Herr, ich bitte dich, hilf mir! Ich lebe in ständiger Mißhandlung durch meinen Vater! Er will nicht erlauben, daß ich heirate; deshalb erzählt er jedem, der mich zur Frau wünscht, nur Schlechtes über mich. Ich flehe dich an, Herr, hilf mir und befreie mich aus den Händen meines verleumderischen Vaters!«

»Höre, meine Tochter«, antwortete der Statthalter, »ich glaube dir, doch muß ich wissen, was dein Vater über dich erzählt. Also sprich!«

»O nein, Herr, das kann ich nicht; ich schäme mich zu sehr!«

»Wenn du es mir nicht sagst, so kann ich dir nicht helfen.«

»Nun, wenn es denn sein muß, so wisse: Mein Vater sagt, ich sei häßlich, bucklig, pockennarbig und auf einem Auge blind.«

Der Statthalter schaute mißtrauisch auf die verschleierte Bittstellerin und fragte: »Wie kann ich nun aber herausfinden, wer von euch beiden lügt? Ist es dein Vater? Oder bist du es?« Er überlegte und fuhr dann fort: »Zeige mir dein Gesicht, meine Tochter, und laß mich mit eigenen Augen sehen, wer die Wahrheit spricht!«

Nun dürfen die türkischen Frauen sich keinem Mann außer ihrem Ehemann unverhüllt zeigen, so will es ihr Gesetz; trotzdem nahm Keila ihren Schleier vom Gesicht, und der Statthalter geriet in Staunen und Entzücken über ihre Schönheit. »Zermartere dein Herz nicht länger«, sprach er zu ihr, »ich werde dich aus den Händen deines lügnerischen Vaters befreien. Ich begehre dich zur Frau und will dich heiraten.« Da freute Keila sich und sprach in ihrem Herzen: »Dahin wollte ich dich haben, mein Lieber!« Die beiden kamen überein, daß der Statthalter noch am selben Tag zu dem Tischler gehen und ihn bitten sollte, ihm seine Tochter zur Frau zu geben. Darauf verließ Keila eilends den Palast des Statthalters und suchte ihre Freundin auf, um ihr zu berichten, daß alles nach Wunsch verlaufen war.

Am Nachmittag klopfte der Statthalter bei dem Tischler an und sprach zu ihm: »Du hast eine junge Tochter, die Leila heißt?«

»Ja, Herr«, antwortete der Tischler.

»Und warum läßt du sie nicht heiraten, wie es der Koran gebietet?«

»Aber, Herr«, rief der Tischler, »es will sie ja keiner zur Frau nehmen!«

»Und warum nicht?«

»Sie ist häßlich und bucklig und pockennarbig, dazu auf einem Auge blind!«

»Lüg du nur!« dachte der Statthalter bei sich, »ich habe deine Tochter heute morgen gesehen; sie ist schön wie der volle Mond.« Und laut sprach er: »Du willst sie mir nicht geben? So höre: Gibst du sie mir nicht, nehme ich sie dir mit Gewalt.«

»Du willst sie also haben, wie sie ist?«

»Aber ja, aber ja, ich will sie, wie sie ist: häßlich, bucklig, pockennarbig, dazu auf einem Auge blind.«

»Du willst mich wohl verspotten!«

»Aber nein, aber nein! Gibst du sie mir nun oder nicht?«

»Wenn du sie wirklich willst, so nimm sie! Aber wer sagt mir, daß du sie nicht fortjagst, sobald du sie gesehen hast?«

»Ich jage sie nicht fort! Und nun laß uns endlich den Notar holen, um den Ehekontrakt aufzusetzen!«

»Gut, mein Herr«, sagte der Tischler, »wir wollen es so halten: Du gibst mir gleich jetzt einhundertzwanzig Unzen Gold und im Fall, daß du meine Tochter verstößt, weitere zweihundert.« Der Statthalter war einverstanden und ließ einen Notar kommen, zu dem er dann sprach: »Herr Notar, schreib nieder, daß ich mich mit der Tochter des Tischlers verheiraten werde, die häßlich, bucklig, pockennarbig und dazu auf einem Auge blind ist. Dem Vater gebe ich jetzt einhundertzwanzig Unzen Gold, und sollte ich meine Ehefrau jemals verstoßen, muß ich ihm weitere zweihundert Unzen zahlen.« Der Notar brachte alles genau so zu Papier, wie es verlangt wurde, die beiden Parteien setzten ihre Unterschrift unter den Vertrag, und darauf ging jeder wieder seiner Beschäftigung nach.

So war nun bislang alles ganz nach den Wünschen der beiden Freundinnen verlaufen. Leila aber war trotzdem in Sorge. Sie hatte große Angst, der Statthalter würde sie einsperren und zu Tode peitschen, sobald er gewahr würde, daß sie ihn zum Besten gehabt hatten. Keila sprach ihr Mut zu, und so beruhigte sie sich schließlich.

Der Hochzeitstag kam heran, und die Feier begann. Die Musikanten spielten, es wurde fröhlich gegessen, getrunken und getanzt, und einzig der Bräutigam erwartete ungeduldig das Ende des Festes. Es kam ihm vor wie hundert Jahre, bis er endlich mit der Braut allein war und sie in den Harem führen konnte. Da sprach er zu ihr: »Mein Herz, lege nun deinen Schleier ab, damit ich mich an deinem schönen Antlitz erfreuen kann.« Leila nahm ihren Schleier ab, und der Statthalter erschrak, als er ihr Gesicht sah. Wut ergriff ihn, er jagte die falsche Braut aus dem Zimmer, und Leila eilte so schnell sie konnte davon, zurück in das Haus ihres Vaters.

Der Statthalter wagte kaum zu atmen. Was sollte er tun? Wenn er erzählte, was ihm zugestoßen war, würden alle ihn auslachen. Und wenn es sich herumspräche, daß er ein junges Mädchen dazu verleitet hatte, ihm ihr Gesicht unverschleiert zu zeigen, würde er sicherlich sein Amt verlieren. So mußte er am nächsten Morgen wohl oder übel zu dem Tischler gehen und ihm die zweihundert Unzen Gold zahlen, wie es der Kontrakt verlangte.

Bevor er das Haus des Tischlers aber verließ, wandte er sich noch einmal zu ihm um und rief wütend: »Da hast du mich um eine hohe Summe gebracht!«

»Höre, Herr«, erwiderte der Tischler, »es ist noch nicht lange her, da hast du mir dreihundert Unzen abgenommen, das war alles Geld, was ich besaß; das habe ich mir nur von dir zurückgeholt.«

»Es waren aber dreihundertzwanzig, die ich dir habe zahlen müssen!«

»Richtig, Herr, die zwanzig Unzen mehr, das sind die Zinsen«, antwortete der Tischler und lachte. Der Statthalter lachte nicht. Er fing an zu fluchen und fluchte noch, als er schon längst draußen auf der Straße war.

Märchen aus Malta

Der Drachentöter

Einst gingen drei junge Ritter auf Abenteuer aus, und ihr erstes Ziel war eine Höhle im tiefen Walde, in der eine wunderschöne Königstochter von drei grausigen Drachen gefangengehalten wurde. Vor die Öffnung der Höhle gekommen, hieß der jüngste und mutigste der Ritter die andern ihm ein Seil um den Leib binden und ihn so in die Tiefe hinablassen. Sie taten ihm den Willen und versprachen, des Gesellen zu harren, bis er ein Zeichen gebe, um dann ihn und die gerettete Prinzessin wieder an das Tageslicht emporzuziehen. Der junge Ritter gelangte glücklich in den innersten Raum der Höhle, wo ein anmutiges Mädchen dem nahenden Retter durch Tränen entgegenlächelte. Dann lud sie ihn zum Sitzen ein und flüsterte ihm zu, er möge sein gutes Schwert bereithalten, denn es würden ihre Peiniger bald erscheinen, drei grausenerregende Drachen, der eine mit einem Kopf, der zweite mit drei und der letzte und fürchterlichste gar mit sieben Köpfen. Und kaum hatte die zarte Königstochter also gesprochen, als ein Heulen anhub und eine scheußliche Drachengestalt sich auf den jungen Ritter warf. Aber jener hob das Schwert mit Macht, und es fuhr die Klinge nieder, das Haupt des Drachen zerspaltend. »Nun kommt aber der zweite«, sagte die Jungfrau, »seht Euch vor, mein edler Ritter!« Und ehe sie noch die Worte vollendet, wälzte sich das dreiköpfige Ungetüm heran, noch grausiger anzusehen als das erlegte, und öffnete die entsetzlichen Rachen, um den Jüngling zu zermalmen. Allein des Ritters Arm war nicht erlahmt, und ein kräftiger Hieb trennte die Häupter vom Rumpfe. Da bebte die Höhle in ihren tiefsten Gründen, und ein Geheul ging durch die Felsen wie die Stimme des Donners im Hochgebirge. Das letzte und fürchterlichste Scheusal, jener schuppenbepanzerte Lindwurm mit sieben Köpfen, stand racheschnaubend vor dem jungen Manne und schlug mit dem Schwanze um sich, daß die Felstrümmer emporstoben. Der Ritter besann sich indes nicht lange und tat mit seinem mächtigen zweischneidigen Schwerte so wackere Arbeit, daß der Lindwurm, einen Strom von dunklem Blut ausgießend, in kurzer Zeit den Streichen erlag.

Nun sank die Jungfrau, überströmenden Dankes voll, dem Jüngling an die Brust und gelobte ihm als ihrem künftigen Herrn und Gemahl ewige Treue und gab ihm zum Angebinde ein güldenes Ringlein. Des freute sich der Ritter sehr und zog am Seil, den Freunden zum Zeichen, daß die Tat glücklich vollbracht und sie sich bereit machen möchten, die Gerettete und den Retter aus dem grausen Gefängnis ans helle Tageslicht zu bringen. Die aber waren argen Sinnes und verabredeten untereinander einen schlimmen Plan, um sich den Ruhm der fremden Tat wohlfeil zu erwerben.

Vom bösen Geist getrieben, zogen sie zwar die Jungfrau empor, ließen dann wohl auch das Seil zum zweiten Male hinab, scheinbar zur Rettung des Freundes, im Herzen aber den Vorsatz hegend, den Unglücklichen auf halbem Wege wieder in die grausige Tiefe stürzen zu lassen. Ein guter Geist mußte indessen dem jungen Ritter eine warnende Ahnung eingegeben haben, denn statt sich selbst dem Seile anzuvertrauen, schlang er dasselbe um einen Baumstamm und gab sodann das Zeichen zum Emporziehen. Die verräterischen Freunde am Rande der Höhle taten, was ihnen ihr arges Herz eingegeben, und ließen die Last zurückfallen, des Todes des Mitgesellen gewiß. Darauf traten sie hin vor die

Königstochter, erzählten ihr eine Mär und forderten jene auf, einen von ihnen zu ihrem Gemahl auszuwählen. Die Prinzessin aber war klug und erbat sich Bedenkzeit auf drei Tage, worauf sie dann alle zur nahen Königsstadt ritten.

Der junge Ritter indessen trauerte verlassen in dem dunklen Schlunde. Da erbarmte sich seiner ein alter, grauer Fuchs und sprach zu ihm: »Halte dich an meiner Rute und folge mir, ich will dich retten, wie du die schöne Jungfrau gerettet hast.« Der Ritter tat, wie ihm geheißen, und sah bald wieder das goldene Licht der Sonne. Der Fuchs aber war plötzlich verschwunden.

Wohlgemut ging der Jüngling fürbaß und kam in die Königsstadt. Dort herrschte große Freude, und als er nach der Ursache fragte, erfuhr er, daß die Prinzessin im Begriffe stehe, einem ihrer vermeintlichen Retter die königliche Hand als Gemahlin zu reichen. Da begab sich der Ritter in die Küche des Königspalastes und fragte den Koch, ob er ihm nicht Arbeit geben könne. Dieser bejahte es, und so hantierte der Jüngling an einem mächtigen Kuchen für die Königstafel, in den er geschickt das güldene Ringlein der Prinzessin warf. Das Glück wollte nun, daß gerade die Prinzessin das Stück Kuchen erhielt, welches das Ringlein barg. Darob erstaunte die königliche Jungfrau nicht wenig und hieß den, der den Ring in den Teig getan, im Saal erscheinen. Der Ritter kam, und Entsetzen packte die falschen Gesellen. Die Prinzessin erhob sich von ihrem Königsstuhl, führte ihren Retter vor ihren greisen Vater, und der Reichsherold verkündete unter Paukengeschmetter, daß der alte König den Gemahl seiner Tochter zu seinem Nachfolger auserkoren habe. Die zwei verräterischen Freunde aber wurden von vier Pferden in Stücke gerissen.

Märchen aus dem Bündner Oberlande

Der Blinde und die falschen Freunde

Vor langer Zeit lebten zwölf Jäger in guter Freundschaft miteinander in der Steppe. Da dort viel Wild anzutreffen war, hatten sie Fleisch genug. Die Felle der erlegten Tiere verkauften sie den Kaufleuten, die durch die Steppe reisten, und so hatten sie schon nach kurzer Zeit ziemlich viel Geld beisammen. Sie faßten nun den Plan, drei Jahre lang dort zu jagen und danach das erworbene Geld zu teilen und sich zu trennen, denn jeder wollte dann zurück in seine Heimat ziehen.

Da geschah es, daß einer der Jäger krank wurde und später infolge der Krankheit erblindete. Seine Kameraden ließen ihn nun stets in der Jägerhütte zurück, und wenn sie heimkehrten, so versteckten sie die Beute, und wenn sie der Blinde fragte: »Was habt ihr heute erlegt?«, so klagten sie stets: »Einen einzigen Hasen haben wir heute erjagt. Es ist kein Wild mehr anzutreffen, wir müssen diese Steppe bald verlassen.«

Auf diese schöne Weise wollten sie sich den Blinden vom Halse schütteln! Zuletzt aber kamen dem Blinden Zweifel, ob die Aussagen seiner Kameraden wahr seien, und er wollte sich selbst Überzeugung verschaffen. Daher sagte er ihnen eines Tages, als sie auf die Jagd zogen, daß er sich zu Hause allein fürchte und mit ihnen hinaus auf die Steppe gehen wolle. Was konnten sie da tun? Sie mußten ihn mitnehmen und schossen absichtlich kein Wild den ganzen Tag über. Der Blinde machte ihnen bittere Vorwürfe und glaubte es nicht, daß auf der Steppe kein Wild mehr aufzutreiben sei. Darüber ärgerten sich nun seine treulosen Kameraden noch mehr. Sie beschlossen im geheimen, den Blinden mitten auf der Steppe zurückzulassen, damit er von den wilden Tieren zerrissen werde, und machten sich heimlich auf und davon. Als der Blinde das Schurkenstück seiner Freunde bemerkte, tappte er voll Angst und Bangen vorwärts und gelangte zufällig in die Höhle eines Menschenfressers, der ihn freudig empfing und reich bewirtete. Der Blinde, der nicht wußte, wo er sich befand, meinte beim Essen: »Dieser Braten ist gut, aber er hat einen merkwürdigen Geschmack. Was ist das für ein Fleisch?«

»Ah«, erwiderte der Menschenfresser, »du weißt also nicht, was du da ißt? Freilich, du bist ja blind und siehst den Braten nicht. Warte, gleich sollst du sehen, was du da verzehrst!« Er holte eine Salbe hervor und rieb die Augen des Blinden damit ein. Da wurde dieser wieder sehend und blickte voll Freude im Zimmer herum. Als aber sein Auge auf dem Braten haften blieb, ergriffen Grauen und Entsetzen ihn: In der Schüssel vor ihm lag ein gebratenes Menschenbein! Laut auflachend rief der Menschenfresser: »Nun, schmeckt dir der Braten nicht mehr? Warte, morgen wird dein Bein hier in der Schüssel liegen!« Sich scheinbar in sein Schicksal fügend, versetzte der Jäger: »Wenn du mich also morgen fressen willst, so laß mich aus dieser Flasche hier, die ich stets mit mir führe, noch einige Züge tun!« Und er nahm seine Schnapsflasche hervor, tat einen kräftigen Zug und sprach: »Ja, das ist wahrlich ein herrliches Getränk!«

»Laß kosten!« sprach der Menschenfresser, und als ihm der Jäger die Flasche reichte, trank er den Inhalt derselben bis zum letzten Tropfen aus. Davon aber wurde er so berauscht, daß er in einen tiefen Schlaf verfiel. Der Jäger steckte nun von den Schätzen des Menschenfressers so viel zu sich, als er eben zu tragen imstande war, und verließ eiligst die Hütte.

Mitten auf der Steppe begegnete er seinen Kameraden, die sich gar sehr wunderten, daß er wieder sehend geworden war; noch mehr aber setzten sie die Schätze des Jägers in Staunen. Dieser erzählte nun seinen treulosen Freunden, daß in einer Hütte am oberen nördlichen Rande der Steppe ein Mann wohne, der jeden Blinden durch eine Salbe wieder sehend mache, und zwar so, daß er dann eine Mücke selbst in einer Entfernung von zehn Meilen erkenne. Außerdem aber beschenke der Alte jeden, den er also geheilt habe, mit Schätzen mannigfacher Art. Da stachen sich die elf Jäger die Augen aus und zogen in der angezeigten Richtung zur Hütte des Menschenfressers. Der fing sie ab, schlachtete sie und verzehrte sie einen nach dem andern.

Märchen der Armenier

Die weiße Amsel

Es war einmal ein König, der ist immer so traurig gewesen und hat nie gelacht. Das ganze Reich litt unter diesem Leid, und alle Ärzte versuchten vergebens ihre Kunst an dem König. Da schrieb der König eine Versammlung aus, um sein Volk wegen eines Heilmittels zu befragen, und der sollte einen großen Preis bekommen, der ihn zum Lachen brächte.

In der Versammlung saß auch ein alter Ritter, der sagte, ein Mittel gebe es wohl, welches dem König Freude und Lust zum Lachen bringen könne, nämlich der Gesang der weißen Amsel, aber diese sei sehr schwer zu erreichen. Viele Tagreisen müsse man reiten gegen Sonnenuntergang. Sie singe so schön, daß der König gewiß seine Traurigkeit verlernen werde.

Und so machte sich der älteste Sohn des Königs auf Reisen, doch umsonst. Ein Jahr verging, er kam nicht zurück. Deshalb brach der zweite Sohn auf, aber auch der kam nicht zurück.

Als das zweite Jahr vergangen war, machte sich der Jüngste auf den Weg. Sepp war zwar nicht so ansehnlich wie seine Brüder, aber seelengut war sein Herz und bescheiden sein ganzes Wesen. Er trieb sein Roß nicht zu wildem Lauf an und kam doch beizeiten in ein fremdes Land. Und wie er so dahinritt, kam er in ein großes Dorf. Was hat's da für einen Lärm gegeben, als er einritt! Einer lag auf dem Boden und rührte sich nicht und war tot, und eine Anzahl Leute schlug mit Stöcken auf ihn ein, und sie schrien: »Wart nur, du bist uns so viel schuldig und stirbst, bevor du uns bezahlt hast!«

Da erbarmte sich der Prinz des Toten und fragte, wieviel er den Leuten schuldig geblieben sei. Jeder sagte sein Guthaben, und Sepp zahlte alles aus seiner Börse und dreißig Gulden obendrein für ein ordentliches Begräbnis. Dann ist er weitergeritten wohl einen ganzen Tag.

Schon ist es Abend geworden, und weit und breit war kein Haus, wo er hätte übernachten können, in der Nähe aber ein finsterer Wald. Wie er da hineinreiten wollte, kam ihm ein großer Bär entgegen. Sepp erschrak darob nicht wenig, denn für ein solches Tier hatte er keine Waffe bei sich. Doch als er ganz nahe war, begann der Bär zu ihm zu reden: »Fürchte dich nicht! Weißt du, wer ich bin? Ich bin der tote Bauer. Weil du meine Schulden bezahlt und mich vom Leichenfrevel gerettet hast, helfe auch ich dir, denn sonst würdest du nie zu der weißen Amsel kommen. Reite nur den Weg da fort, dann wirst du in eine Stadt kommen, und der König dieser Stadt hat die Amsel. Aber merke wohl! Du darfst nicht einfach hingehen und die weiße Amsel verlangen – du würdest sie nie bekommen! Du mußt vielmehr in des Königs Dienst treten und in der Burg sein Hausbesorger werden, da bekommst du alle Schlüssel. In einem kleinen abseits gelegenen Zimmer wirst du die Amsel finden. Sie sitzt in einem schwarzen Vogelhaus, daneben aber steht ein schönes silbernes Häuschen. Laß es stehen, denn wenn du die Amsel in den silbernen Käfig setzen würdest, begänne sie zu singen, so daß alle Burgbewohner in der Nacht wach würden. Also merk es wohl!« Gern versprach Sepp alles, wie ihm geheißen, und ritt weiter. Der Bär aber trottete zurück in den Wald.

Wie der Bär gesagt, so kam es: Sepp ritt wohl die ganze Nacht und kam mit dem nächsten Morgen in eine große Stadt. Sogleich fragte er nach der Königsburg und dort nach einem Dienstplatz. Ja, der Posten des Hausbesorgers wäre wohl frei, aber ob der Ritter den annehmen und den anderen Leuten die Schuhe putzen wolle ... ? »Ei freilich«, erwiderte der Sepp, »solches Brot ist besser als gar keines.« Und so ward er Hausbesorger und bekam alle Schlüssel der Burg.

Eine Woche putzte er die Schuhe der Herrschaft blitzsauber und ging schön langsam alle Zimmer ab. So kam er auch in die kleine Kammer, wo die weiße Amsel im schwarzen Käfig saß. Und als es Abend geworden war, da schlich er hinauf zum schwarzen Vogelhaus und hob es herab. Er nahm auch das silberne Häuschen mit, um daheim die Amsel hineinzutun. Wie er die Tür aber wieder zusperren wollte und beide Hände voll hatte, da vergaß er den Auftrag des Bären, griff nach der weißen Amsel und setzte sie in den silbernen Käfig. Kaum aber saß sie in dem schönen Vogelhaus, da sang sie auch schon so klar und hell hinaus, daß das ganze Schloß von ihrem Sange widerhallte. Da ward es im ganzen Haus lebendig, und alle eilten herbei, um dem herrlichen Gesange zuzuhören, auch der König, und bei des Vogels Jubilieren konnte er nicht böse sein.

»Sepp«, meinte er, »du brauchst den Vogel für einen Kranken, und also kannst du ihn haben. Aber bring mir dafür das schnellste Roß!« So sagte er und nahm dem traurigen Sepp den Käfig aus der Hand. Beschämt und betrübt schlich dieser hinaus in den Stall, bestieg sein Pferd und ritt beim Tor hinaus.

Er ritt die ganze Nacht aufs Geratewohl und kam am Vormittag in eine Stadt, wo es allenthalben fein lustig zuging. Da wäre er freilich gern einen Tag geblieben, jedoch vergaß er zum Glück des schnellen Rosses nicht und ritt bald wieder aus der Stadt hinaus. Wohin nun? Da trottete der Bär aus dem nahen Gebüsch auf ihn zu, warf ihm seinen Ungehorsam vor und sagte ihm, die Erwerbung des schnellsten Rosses sei eine härtere Probe als die des Vogels. Das Roß sei nämlich so gut bewacht, daß er als Mann gar nicht herankomme, sondern nur als Weib. »Nimm auch einen süßen Schnaps mit und menge Schlafpulver drein! Bitte dort um Nachtherberge, und wenn alle schlafen, löse das Roß los und nimm auch den silbernen Zaum mit –, aber leg ihn dem Roß nicht an, bevor ihr nicht vor der Stadt seid!«

Sepp versprach dem Bären allen Gehorsam und kam gegen Abend vor die Königsstadt. In einer Aue band er sein Roß an einen Baum und wechselte die Kleider. Bald danach humpelte ein altes Weib voll Dreck und Speck gebeugt durch die Stadt und kaufte in den Geschäften süßen Schnaps und Schlafpulver. Später sah man es hinüber zur Königsburg humpeln, wo unter der Wohnung des Königs der Stall seines Lieblingsrosses lag. Recht armselig kam das Weiblein in den Stall und bat um Nachtherberge, aber kalt wies man es hinaus. Es bettelte jedoch ein zweites Mal, und da ließ man ihm denn einen Winkel mit einer Strohschütte. Ei, das Roß war aber bewacht! Nicht nur bei den Türen standen vier Trabanten, sondern auch zu beiden Seiten des Pferdes, und ein Wachtposten saß auf dem Roß selbst: Wie wohl das Roß bekommen? Dankbar bot das Weiblein den barmherzigen Soldaten einen Schnaps an, und wie es halt geht, wollten die anderen auch trinken. Und in einer halben Stunde war der verkleidete Sepp allein noch wach im Stall. Er hob nun den betrunkenen Posten vom Pferd, löste das Tier von den Schranken und nahm das silberne Geschirr. Wie Sepp aber durch das Tor wollte, hatte er keine Hand frei. Nur für einen Augenblick warf er das Silbergeschirr auf das Roß. Da wieherte es so laut und sprang so wild, daß Sepp es nicht bändigen konnte. Das hörte der König und kam rasch herbei. Da bat Sepp freilich um Verzeihung und erklärte dem König, wozu er das Pferd brauche.

»Ich schenke dir die Strafe«, sagte der König, »und auch das Roß sollst du haben, wenn du meine Tochter wiederbringst. Ein wilder Zauberer und seine Mutter haben sie entführt und halten sie im Hexenschloß gefangen, weil ich sie ihm nicht zur Frau gegeben habe. Geh hin und befreie sie!«

Da ließ nun Sepp traurig den Kopf hängen und ging hinaus in die Au, wechselte wieder die Kleider und ritt aufs Geratewohl, wohin das Pferd ihn trug. Wo sollte auch das Hexenschloß liegen? Die Nacht verging, und müd war er vom Reiten. Da kam aus dem Walde der Bär auf ihn zu und sagte ernst: »Wieder muß ich dich tadeln, weil du nicht gehorcht hast. Nun aber zitterst du vor dem Hexenschloß, und gerade da mußt du furchtlos sein. Tief im Walde liegt das Schloß, und das Roß wird dich dahin tragen. Doch durch das Tor darfst du nicht reiten, sondern mußt selber gehen. Ein altes, böses Weib wird dich anrufen; antworte nicht! Wildes Getier und Gewürm wird auf dich losstürzen; laß dich durch nichts aufhalten! So kommst du zu einer eisernen Tür; ein rostiger Schlüssel steckt in dem Schloß. Sperr nur auf und geh unerschrocken in die dunkle Kammer! Drinnen liegt in einem Bett die Prinzessin. Ruf sie an: ›Maidlein, steh auf!‹ Dann nimm sie sofort auf deinen Arm und trag sie ohne Säumen hinaus. Säume nirgends!« Heilig versprach Sepp, alles genau zu tun, wie ihm der Bär befohlen, und ritt fort, den ganzen langen Tag. Gegen Abend kam er in einen finsteren Zauberwald. Bald hatte er das Hexenschloß erreicht, ein Trümmerhaufen, kein Schloß mehr. Er stieg vom Pferd und ging tapfer dem Tore zu.

Da stand beim Tor ein altes, häßliches Weib, die Hexe. Mit dem Stocke wies die Bucklige ihn zurück und schrie ihn wütend an. Er scherte sich nicht um sie, sondern lief durch das Tor und kam in einen düsteren Gang. Aus Löchern und Kammern beiderseits fuhr es wütend auf ihn los und wollte ihm den Weg verlegen. Bald waren es Löwen, dann Tiger und Wölfe, darauf krochen Schlangen über den Gang und schlängelten sich an ihm empor – im Laufen beutelte er sie ab –, und dort wälzte sich gar ein Drache daher! Doch ehe dieser sich versah, war Sepp schon vorbeigeschlüpft. Und weiter eilte er über den Hof zum Turm, wo in einem eisernen Türschloß ein rostiger Schlüssel steckte. Wohl schlang sich ein giftiges Gewürm dran herum, er aber griff beherzt zu und drehte um. Die Tür sprang auf, und Sepp trat in eine dunkle Kammer. Ohne Säumen sprang er vor und rief: »Maidlein, steh auf!«

»Ja, lieber Sepp«, sprach's da neben ihm, »aber ich muß mich erst bekleiden, mich friert so sehr.« Er aber erwiderte nichts, sondern faßte flugs die Gestalt und riß sie auf seinen Arm empor. Eilends trug er sie zum Tor der Burg hinaus in die Mondennacht, während hinter ihm die Hexenburg im Nebel versank. Erst als er bei seinem Rosse ankam, ruhte er, umhüllte das frierende Mädchen mit seinem Mantel und legte es ins weiche Moos. Als aber der Morgen heraufstieg aus den Bergen, stand er auf, zäumte das Pferd und ritt mit der Prinzessin den ganzen Tag bis zu ihres Vaters Schloß und Stadt.

Wie groß war des Königs Freude, als er vor dem schmukken Jüngling auf dem Pferde seine gerettete Tochter näherkommen sah, und als Sepp ihn um den Segen bat, verweigerte er ihn nicht.

Da nun Sepp ein paar Tage auf dem Königsschloß ausgeruht, trat er vor den König hin und verlangte das schnelle Roß. Nur schwer trennte sich der Fürst davon, aber weil er es versprochen hatte und Sepp versprach, er werde es schon einrichten, daß ihm das Roß bleibe, gab er es heraus; doch stellte er die Bedingung, daß seine Tochter es reite. Damit war Sepp einverstanden, und die beiden reisten wohlgemut ab. Unweit von der Stadt, in der es so lustig herging, kam wieder der Bär zu Sepp und sagte ihm: »Lieber Sepp, befolge meinen Rat und halte dich nicht lange in dieser Stadt auf! Vor allem aber kaufe kein Galgenfleisch, wer immer auch dich darum angehen mag.«

Gern versprach der Jüngling, den Rat zu befolgen, und ritt mit seiner Braut in die Stadt hinein, doch nur, um darin zu übernachten und tags darauf, beim ersten Sonnenstrahl, weiterzureisen. Sie gelangten zu einer Herberge, wo keine Musik heraustönte, setzten sich hinein und verzehrten die Abendsuppe. Da kam einer vor das Haus, trommelte und verkündete, daß morgen früh zwei Missetäter gehängt würden, die in der Stadt Schulden über Schulden gemacht hätten. Als nun der nächste Morgen kam, sprangen Sepp und seine Braut beizeiten aus den Betten, denn sie wollten noch die Hinrichtung mit ansehen und dann gleich weiterziehen.

Bald kam denn auch die Henkerschar mit den beiden Missetätern. Wie aber Sepp in die Gesichter der beiden Verbrecher sah, kam ihm vor, diese Leute habe er schon irgendwo gesehen, und als der Freimann* beim Galgen ihre Namen vorlas, wußte er das Ganze: Die beiden Gauner waren seine Brüder! Diese nun erbarmten ihn, obwohl er bei ihnen keine guten Zeiten gehabt, und er trat vor. Da sahen und erkannten ihn auch die beiden Missetäter. Sie warfen sich ihm zu Füßen und flehten, er möchte nicht zugeben, daß die Söhne seines königlichen Vaters gehenkt würden. Und so fragte Sepp, wieviel die beiden Kerle schuldig seien, und zahlte den Betrag für die Gauner. Dann sagte er den Brüdern, sie möchten noch, was sie zu schlichten hätten,

* Ein Freimann ist ein freier Grundeigentümer, der durch einen feierlichen Eid ständiges Mitglied eines Richterkollegiums wird. Hier ist er ausnahmsweise Mitglied des Blutgerichts.

aushandeln, er habe noch wegen der weißen Amsel zu tun, und ritt fort. Und wie er da weiterritt mit seiner wunderschönen Braut, kam er gar bald in die Stadt und ins Königsschloß, wo die weiße Amsel sang. Der König saß bei ihrem Käfig und hörte ihrem Gesang zu, als sie ihm plötzlich sagte, das schnellste Roß sei nun da. Der König eilte Sepp entgegen, begrüßte ihn wie einen alten Freund und freute sich, daß jener auf seiner Wanderung auch eine Braut gefunden. Daß das junge Paar hier nun einige Tage blieb, war begreiflich. Als sie sich endlich zur Heimfahrt rüsteten, da brachte der König die weiße Amsel im silbernen Käfig und gab sie den beiden als Brautgeschenk.

So ritten sie mit vielen Geschenken beladen heim. Wie sie aber an einer Aue vorüberkamen, schlossen sich ihnen die beiden Brüder an, die auf Sepp gewartet hatten. Die beiden hatten aber inzwischen einen sauberen Plan ausgeheckt: »Was würde der Vater sagen«, hatte der eine zum andern gesagt, »wenn er uns leer und ledig wie Bettler heimkommen sähe?«

»Wie die Trabanten des Sepp«, hatte der andere gespottet. »Aber weißt du, wir müssen Herren der Lage werden. Wir beide müssen teilen – du das Roß und ich die Braut –, und den Vogel bringen wir gemeinsam.«

»Und was wird mit dem Sepp?«

»Den bringen wir auf die Seite. Da ist auf dem Weg ein Brunnen; da werfen wir ihn hinein und sind ihn los und ledig.« Jetzt gingen sie schön demütig hinter den beiden Pferden einher, bis sie zu dem Brunnen kamen. »Ach, lieber Sepp«, sagte da der eine, »warte ein wenig, wir sind so durstig, und da ist ein Brunnen. Wahrscheinlich wollen auch die Pferde trinken.«

»Und auch ich – und meine Braut nicht minder«, erwiderte ahnungslos der Bruder. Und als Sepp sich über den

Brunnenrand beugte, um zu sehen, ob der Eimer bald heraufkomme, faßten ihn seine Brüder und warfen ihn hinab. Dann aber schwangen sie sich auf die Pferde, nahmen den Käfig und die Prinzessin und ritten in die Königsstadt. Sepp war aber nicht in den Brunnen gestürzt, sondern an einem Haken an der Wand hängengeblieben und konnte weder aufwärts noch abwärts. Wie er so hilflos dahing, tauchte oben der Kopf des Bären auf. »Siehst du«, rief er hinunter, »das hast du, weil du nicht gehorcht hast! Nun wärst du durch das gekaufte Galgenfleisch, deine Brüder, bald ins tiefste Unglück gestürzt, wenn nicht der Haken dich aufgehalten hätte. Ich will sehen, ob ich dir helfen kann.« Und ringsum suchte der Bär nach einem Seil, aber nirgends fand er etwas, was er brauchen konnte. Da kam, mit einem Fuder Heu, ein Bauer daher, an den wandte sich der Bär. Der Bauer erschrak nicht wenig, als er das Untier auf sich zuschreiten sah. Als aber der Bär sagte, er möge das Seil loslösen, mit dem er das Heu gebunden hatte, war er sofort bereit, froh, so glimpflich davonzukommen. Und gar bald stand Sepp wieder auf festem Boden. Der Bauer aber band das Heu wieder nieder und fuhr eiligst davon.

»Nun aber merke!« sagte jetzt der Bär zu Sepp. »Es ist der letzte Rat, den ich dir erteilen kann: Du mußt unerkannt heimkommen, vielleicht als Knecht. Das andere wird sich geben.«

Der Bär gab ihm die Tatze und trollte sich. Sepp aber eilte in die Stadt und fragte beim Königsschloß an, ob man nicht einen Knecht brauche. »Einen Hundefutterer wohl«, war die Antwort, und der königliche Prinz nahm die verachtete Stelle an.

Nun begab es sich, daß der König eines Tages vor der Ausfahrt seine Hunde aufsuchte, um einen Begleiter unter den Tieren auszuwählen. Dabei sah er den Hundefutterer und bestimmte, da dieser ihm so bekannt erschien, derselbe solle kutschieren. Draußen aber, außerhalb der Stadt, fragte der König den Kutscher um seinen Namen und woher er sei. Und da hat sich Sepp seinem Vater zu erkennen gegeben. Wie er aber immer mehr und mehr erzählte, da erstaunte der König nicht wenig, und wie er berichtete, daß seine zwei Brüder eigentlich Galgenfleisch seien und Brudermörder, da ward der König so zornig, daß er die beiden hängen lassen wollte. Doch Sepp bat für sie und sagte, vorerst wolle er sie überführen und beschämen, dann möge mit ihnen der Vater tun, was ihm gut dünke. Heimgekommen, betrat Sepp den Stall. In einer besonderen Ecke stand das schnelle Roß, aber es war so wild, daß keiner sich hinzutraute und man ihm vom Fenster aus das Futter zuwarf. In banger Erwartung standen nun alle Stallknechte, als der Hundefutterer in des Königs Begleitung das Abteil des Rosses betrat und den Namen des Pferdes rief. Da lief es auf ihn zu, wieherte lustig und fraß aus seiner Hand. Nun stiegen der König und Sepp hinauf in die königliche Wohnung. Dort saß im silbernen Käfig die Amsel auf einem Bein und hatte den Kopf in den Federn versteckt. Bisher hatte der Vogel noch keinen Ton gesungen. Wie ihn aber Sepp anrief, hüpfte er auf und begann zu singen, daß der König lachte und jauchzte. Da lief alles herbei. Wie aber die Prinzessin den Sepp sah, fiel sie ihm um den Hals und küßte ihn. Nun war freilich große Hochzeit. Die Galgenbrüder aber hatte der König aus Stadt und Reich verbannt.

Ein Jahr darauf schenkte die junge Königin dem Sepp ein Kind, und alles war eitel Freude ob der kleinen Prinzessin. Wie betroffen war daher König Sepp, als der Bär kam und ihm sagte: »Gib mir das Kind!« Erst wollte er nicht, aber die Königin sagte, weil der Bär es mit ihnen so gut gemeint, so könne man ihm auch das Kind anvertrauen, und so gab man es ihm. Glückselig schaukelte der Bär das Kind mit seinen großen Tatzen, dann gab er es dem Sepp zurück mit den Worten: »Habt Dank für euer Vertrauen! Dadurch habt ihr auch mich erlöst.«

Die Bärenhaut sank zu Boden, durchs Fenster flog's hinaus, und niemand wußte, was es gewesen ist …

Märchen aus der Steiermark

Der Hahn mit den Goldfedern

Es waren einmal zwei englische Offiziere, die hatten sich unter das preußische Militär aufnehmen lassen und dienten hier schon lange Zeit. Da gefiel's ihnen endlich nicht mehr, und sie beschlossen, heimlich das Heer zu verlassen. Sie besprachen eben ihre Flucht, als ihr Bedienter, der Bernhard hieß, zu ihnen wollte und an der Tür horchte und also ihren ganzen Plan erfuhr. Da besann er sich nicht lange, sondern trat zu den Offizieren ins Zimmer und sagte, er habe alles gehört, was sie vorhätten, und wenn sie ihn nicht auch mitnähmen, so würde er's dem General anzeigen, daß sie desertieren wollten. Da sagten sie ja, sie wollten ihn wohl mitnehmen, und machten sich gleich am andern Morgen ganz in der Stille auf und davon und marschierten Tag und Nacht durch, obwohl das Wetter kalt und naß war. Weil sie aber nicht wagten, in ein Wirtshaus einzukehren, so mußten sie unter freiem Himmel übernachten.

So blieben sie auch einmal in einem Walde und ließen ein Feuer anmachen, um ihre Kleider zu trocknen, und legten sich nieder unter einen Baum und schliefen ein. Der Diener aber mußte wachen und das Feuer unterhalten. Da war das Holz abgebrannt, und der Bediente ging hin, um frisches zu suchen und zu brechen. Allein eh' er zurückkam, war das Feuer schon ganz erloschen, also daß er den Platz, wo seine Herren ruhten, nicht wiederfinden konnte und nun im Walde hin und her irrte, bis er endlich ein Licht sah und darauf zuging und an ein großes Haus kam. Da freute er sich und hoffte, hier etwas zu essen zu bekommen, denn schon seit mehreren Tagen war Schmalhans bei ihm Koch gewesen, und außerdem war er durch das Wachen und Marschieren bei dem schlechten Wetter ganz müde und matt geworden.

In dem Hause aber war keine menschliche Seele zu finden. Alle Zimmer waren leer. Da legte sich endlich Bernhard in dem letzten Zimmer, in das er kam, nieder, um sich zu erholen, weil's hier so gut warm war. Er wollte eben einschlafen, als er einen Hahn krähen hörte. Da suchte er im ganzen Zimmer umher, aber nirgends war ein Hahn zu entdecken. Nach einer Weile krähte der Hahn zum zweiten Mal, aber er mochte suchen, soviel er wollte, es war kein Hahn zu finden. Wie er nun recht genau aufpaßte, wo der Ton wohl herkomme, da krähte der Hahn zum dritten Mal, und da merkte er deutlich, daß der Ton aus dem Tische kam. Er zog sogleich die Schublade auf – und richtig, da saß ein »Gokeler« mit goldenen Federn darin.

Nun zog er geschwind sein Messer aus der Tasche und wollte den Hahn nehmen und schlachten und verzehren, denn er hatte großen Hunger. Aber der Hahn redete ihn an wie ein Mensch und sagte, er solle ihn nicht umbringen, sondern sich nur eine Feder aus seinem Schwanze ziehen; mit der könne er sich alles herwünschen, was er wolle; er brauche bloß mit der Feder zu schreiben, und sogleich werde es dasein. Darauf riß er dem Hahn eine Goldfeder aus und schrieb damit, daß er sich ein gutes Essen wünsche, und auf der Stelle war der Tisch mit den besten Speisen und Getränken besetzt. Nachdem er sich gesättigt und gestärkt hatte, schrieb er, er wünsche, daß das Feuer im Walde brenne und er bei seinen Herren wäre und daß diese gut schlafen und ihre Kleider trocken sein möchten. Und kaum war er mit dem letzten Worte fertig, so war er auch schon wieder bei den Offizieren; die schliefen noch fest, und ihre Kleider waren getrocknet, und das Feuer brannte hell und lustig. Er weckte die beiden und reiste mit ihnen weiter, sagte aber nichts von seiner goldenen Feder, weil's der Hahn ihm verboten hatte.

Nach einigen Tagen, als der große Wald noch immer kein Ende nehmen wollte, blieb der Bediente einmal zurück und schrieb flink mit seiner Feder, er wünsche, daß er und seine Offiziere bald in die Gegend von England kommen möchten, wo sie zu Haus seien. Da dauerte es kaum eine Viertelstunde, da ging der Wald zu Ende, und sie befanden sich in einer freundlichen Gegend, und der eine Offizier blieb stehen und sagte zu seinem Kameraden: »Aber sieh nur die Berge und dies Tal und die Stadt dort! Wüßte ich nicht, daß wir hier noch auf preußischem Boden sind, so würde ich sagen, dies wäre unsere Heimat.« Der andere sagte das Nämliche. Als sie aber im nächsten Dorfe einkehrten und nach den Namen der Ortschaften und des Landes fragten, da erfuhren sie, daß sie in England waren, ganz nahe bei ihrer Heimat, und konnten gar nicht begreifen, wie das nur möglich sei.

Bald darauf traten die Offiziere wieder in englische Dienste und wollten auch den Diener bereden, daß er bei ihrem Regiment dienen möchte; allein er sagte, er habe das Soldatenleben satt und wolle sein Glück anderswo versuchen, und nahm Abschied von seinen Herren und wanderte fort in die weite Welt hinaus.

Da kam er nach langer, langer Zeit auch einmal in eine große, schöne Stadt und hörte, daß die einzige Tochter des Königs schon viele Jahre lang krank sei und niemand ihr helfen könne. Da ließ er beim König sich melden und gab sich für einen Doktor aus und verlangte die Prinzessin zu sehen und versprach, sie zu kurieren. Allein der König traute keinem Doktor mehr und mochte seine Tochter, die am ganzen Leibe mit bösen Geschwüren bedeckt war, nicht einmal mehr sehen lassen und wies deshalb den fremden Doktor ab. Der aber ruhte nicht, bis der König endlich es zugab, daß er die Prinzessin besuchen und ihr etwas verordnen durfte. Da schrieb er ihr mit seiner Goldfeder ein Getränk auf und wünschte, daß es ihr danach ein klein wenig besser gehen möchte. Und so geschah es auch, und die Freude in dem königlichen Schloß war groß. Dann verordnete er ein zweites Getränk und wünschte, daß es danach allmählich immer besser werden möchte, und da ging's denn auch von Tage zu Tage besser, so daß die Prinzessin es kaum erwarten konnte, bis ihr Doktor wiederkam. Als er ihr nun ein drittes Getränk gab, hatte er gewünscht, daß sie danach vollkommen gesund werden möchte, und da dauerte es nicht lange, da war sie frisch und wohl wie der Fisch im Wasser und wußte gar nicht, wie sie ihrem Retter genug Dank und Liebe erweisen sollte, denn sie hatte ganz fest gemeint, sie müsse sterben. Auch der König war über die Maßen froh und bot dem Doktor so viel Geld und Gut, als er nur verlange, aber Bernhard wollte nichts nehmen. Als der König jedoch ihm keine Ruhe ließ und zuletzt fast mit Gewalt ein goldenes Zepter ihm aufnötigte, so nahm er's zwar hin, um nur fortzukommen, legte es draußen aber in ein Nebengäßchen nieder, weil's ihm nur Mühe machte, es zu tragen, und wanderte weiter.

Nach einiger Zeit sagte die Prinzessin eines Tags ihrem Vater: »Ich bin nun wieder gesund wie der Fisch im Wasser und möchte nicht als alte Jungfer sterben, sondern heiraten.«

Ei, da war der König so froh, daß er seiner Tochter gelobte und versprach, sie sollte nur sagen, welchen Mann sie gern haben möchte, den sollte sie bekommen. Da sagte sie: »Keinen andern als den Doktor, der mich geheilt hat.«

Nun erschrak der König zwar nicht wenig und hätte gern sein Wort zurückgenommen, wagte es aber doch nicht, weil er seine Tochter sehr lieb hatte. Deshalb sandte er Boten aus, die suchten den Doktor und brachten ihn zum König, und der verlobte ihn dann mit seiner Tochter, und nicht lange nachher war die Hochzeit. Die beiden jungen Eheleute aber waren so vergnügt und glücklich miteinander, daß es eine rechte Freude war, sie nur zu sehen.

Von den unermeßlichen Schätzen, die Bernhard sich gewünscht hatte, um als Prinz leben zu können, baute er sich zuerst ein prächtiges Schloß und daneben eine große Kirche, die man nach seinem Namen die Bernhardskirche nannte, und stiftete in dieselbe ein großes Kreuzbild von lauterem Golde. In eine verborgene Röhre dieses Bildes legte er die goldene Hahnenfeder, der er all sein Glück verdankte, denn er glaubte, reich genug zu sein für sein Leben lang, und wollte zugleich die Wunschfeder aus der Welt schaffen, weil er versprochen hatte, niemandem etwas davon zu sagen. Als später aber seine Gemahlin ihm keine Ruhe ließ und gar zu gern gewußt hätte, durch welche Mittel ihr Mann sie geheilt habe, da widerstand er endlich ihren Bitten nicht länger und sagte ihr alles, wie es gekommen, und nannte ihr auch den Ort, wo er die Feder verborgen hatte.

In ihrer Herzensfreude erzählte die Tochter nun alsbald auch ihrem Vater diese Geschichte und ahnte nichts Schlimmes. Der König aber, der seinen Schwiegersohn nicht leiden konnte, faßte sogleich einen bösen Anschlag gegen ihn. Er ging in die Kirche und ließ die Feder aus dem Goldbilde herausholen und schrieb dann damit, er wünsche, daß ein Sturmwind käme und seinen Tochtermann bis an den äußersten Rand des Meeres verschlage. Da erhob sich sogleich ein heftiger Sturm und führte den Schwiegersohn des Königs durch die Luft, weit weg übers Meer, und warf ihn endlich auf ein Schiff; darin waren Seeräuber, und die erschraken recht ordentlich, als da mit einem Male ein ganz fremder Mensch auf ihr Schiff geflogen kam. Doch nahmen sie ihn mit und verkauften ihn an einen Edelmann, da wurde er Bedienter. Nicht lange, so machte ihn der Edelmann zu seinem Kammerdiener, und er hatte es gut bei ihm, besonders weil die Tochter des Edelmanns so verliebt in ihn war und täglich ihren Vater mit Bitten anging, daß er ihr doch den schönen Kammerdiener zum Manne geben möchte. Endlich erlaubte es der Edelmann und verheiratete seine Tochter mit dem Kammerdiener, und der mußte sich's gefallen lassen.

Als er nun eines Tags sich in einen leichten Kahn setzte und am Ufer des Meeres spazierenfuhr, kam plötzlich ein starker Wind und trieb den Kahn mitten aufs hohe Meer, ohne daß er es hindern konnte, und trieb ihn immer weiter und weiter, bis er endlich nach mehreren Tagen an der entgegengesetzten Seite des Meeres landen konnte und sich ganz nahe bei der Stadt befand, wo seine Gemahlin lebte. Da wollte er eilig zu ihr gehen, aber am Stadttor wurde er von den Soldaten festgenommen, denn so hatte es der König befohlen.

Und als man dem König jetzt meldete, daß sein Tochtermann wieder da sei, ließ er ihn in einen tiefen Kerker werfen, wo weder Sonne noch Mond hineinscheinen konnten. Seiner Tochter aber sagte er nichts davon, obwohl sie keine frohe Stunde mehr hatte, seit ihr Gemahl verschwunden war, und sie gar nicht wußte, wo er sein mochte.

Nachdem nun Bernhard lange Zeit in dem unterirdischen Loche geschmachtet und schon die Hoffnung aufgegeben hatte, daß er noch daraus erlöst werden würde, da schien eines Tags in sein Gefängnis etwas Helles herab, das sah aus wie ein Lichtstrahl und rief ihm zu: »Bernhard, was machst du? Ich bin der Hahn, der dir die Feder gegeben. Warum hast du nicht reinen Mund gehalten, wie ich dir geboten hatte?« Da klagte ihm Bernhard seine Not und bat ihn dringend, daß er ihm doch noch einmal helfen möchte, und da gab der Hahn ihm endlich eine zweite Goldfeder, mit der er sich alles wünschen konnte.

Nun schrieb er zuerst, er wünsche, daß die erste Goldfeder nie wieder ans Tageslicht kommen möchte. Fürs zweite wünschte er sich ins Schloß in das Zimmer des Königs und sagte hier seinem Schwiegervater, weil er so bös und grausam an ihm gehandelt, so solle er barfuß mit dem Felleisen auf dem Rücken als Handwerksbursch bei Tag und Nacht durch die Welt reisen. Dann wünschte er sich zu seiner Gemahlin und war im Augenblick bei ihr. Das war aber eine Freude!

Nachdem er dann die Strafe für den alten König aufgeschrieben hatte, sah man jenen alsbald barfuß mit dem Ranzen auf dem Rücken zum Schlosse herauskommen und fortwandern und hat ihn nie zurückkommen sehen. Da wurde Bernhard König und regierte viele Jahre zum Segen des Volkes und war glücklich mit seiner rechten Gemahlin bis an sein Ende.

Märchen aus Schwaben

Der Ahornbaum

Es war einmal ein König, der hatte drei Töchter. Eines Tages schickte er sie zum Erdbeerenpflükken in den Wald und sagte, er wolle der, die ihren Topf als erste gefüllt habe, ein neues Kleid geben. Sie machten sich zu dritt auf den Weg, und jede hatte einen Topf und sammelte Beeren hinein. Die Jüngste war am eifrigsten, und so war ihr Topf zuallererst voll. Als ihre beiden Schwestern das sahen, wurden sie neidisch und eifersüchtig und sprachen heimlich miteinander. Die Älteste sagte, sie wolle die Jüngste rufen und so tun, als suche sie ihr den Kopf ab, um ihr dann den Hals durchzuschneiden und sie zu töten. Die Mittlere erschrak und wollte von solch einer bösen Tat nichts wissen, doch ließ sie die andere tun, wie diese gesagt hatte. Dann machten sie eine Grube und legten die gemordete Jüngste hinein, füllten deren Erdbeeren in ihre eigenen Töpfe und gingen heim.

Als der König sich verwunderte, daß seine jüngste Tochter nicht mit ihnen zurückkehrte, und fragte, wo sie denn sei, behaupteten sie, es nicht zu wissen: Irgendwo im Wald sei sie verschollen; sie hätten sie gesucht, doch nicht gefunden.

An der Stelle aber, wo die jüngste Schwester begraben lag, wuchs ein schöner Ahornbaum empor. Ein Bettler, der einmal dort vorüberging und den jungen Baum sah, schnitt ihn ab und machte sich eine Fiedel daraus. Als er den Bogen zum ersten Mal ansetzte, um sie zu probieren, sang sie ihm ein seltsames Lied:

»Eines Königs Tochter war ich,
war die jüngste von drei Schwestern –
nun bin ich aus Ahorn eine Geige klein.«

Da ging der Bettler vor des Königs Fenster und spielte dort, da sang die Geige dieselben Worte. Wie der König sie aber in die Hand nahm und spielte, sang sie:

»Eines Königs Tochter war ich,
deine Tochter, lieber Vater –
nun bin ich aus Ahorn eine Geige klein.«

Der König gab die Geige darauf der mittleren Tochter, da klang es:

»Eines Königs Tochter war ich,
ich war deine jüngste Schwester,
doch bin nun aus Ahorn eine Geige klein.«

Als danach die Reihe an die Älteste kam, wollte diese die Geige nicht in die Hand nehmen und sträubte sich lange. Endlich aber spielte sie doch, und die Geige sang:

»Eines Königs Tochter war ich,
ich war deine jüngste Schwester,
die du grausam hast gemordet,
und bin nun aus Ahorn eine Geige klein.«

Da erschrak das Mädchen und ließ in seinem Schrecken die Geige fallen, so daß sie am Tischbein zerbrach. Wie sie aber zerbrach, siehe, da sprang die jüngste Schwester daraus hervor. Darüber war der König über alle Maßen froh und glücklich. Er umarmte und küßte die jüngste Tochter und gab dem Bettler eine ganze Handvoll blanker Goldstücke. Für die älteste Tochter aber nagelten sie ein Faß aus und steckten sie dort hinein. Dann ließen sie das Faß von einem hohen Berg hinabrollen, so daß die Königstochter darin zu Tode kam.

Märchen aus Ungarn

Ein Schmerz, der nicht vergeht

Ein Bauer brachte die Milch, die er jeden Tag von seiner Kuh molk, stets zu einem Felsen und stellte sie davor nieder. Dann versteckte er sich in der Nähe und wartete. Nicht lange, so schlüpfte eine Schlange aus einer Spalte des Felsens, die ein Goldstück im Munde hatte. Sie trank die Milch, legte das Goldstück in die Schüssel und verschwand. Je mehr Tage vergingen, um so mehr Goldstücke konnte der Bauer in seine Truhe legen, und bald war er ein reicher Mann.

Eines Tages faßte er den Entschluß, auf Pilgerfahrt zu gehen. Wer aber würde, wenn er fort war, für die Schlange sorgen, ihr die Milch bringen und die Goldstücke einsammeln? Der Bauer wußte lange nicht, was er tun sollte; er wollte weder darauf verzichten, auf Pilgerfahrt zu gehen, noch wollte er die Schlange und das Gold im Stich lassen. Am Ende beschloß er, seinem Sohn die Sorge für die Schlange zu übertragen, und rief ihn am Vorabend seiner Abreise zu sich. »Mein Sohn«, sprach er, »ich will dir etwas erzählen und dir einen Auftrag geben, wovon du aber zu niemandem sprechen darfst. In einer Höhle im Berg gibt es eine Schlange. Jeden Morgen bringe ich ihr eine Schüssel mit Milch, und dafür gibt sie mir ein Goldstück. Auf diese Weise bin ich reich geworden und kann nun endlich auf Pilgerfahrt gehen. Während ich fort bin, sollst du für die Schlange sorgen. Geh und bringe ihr die Milch, dann warte. Die Schlange wird kommen, die Milch trinken und dafür ein Goldstück zurücklassen. Nimm die Goldstücke und hebe sie für mich auf, bis ich zurückkomme, aber gib gut acht, daß niemand davon erfährt!«

Nachdem der Bauer seinem Sohn diese Anweisungen gegeben hatte, brach er zu seiner Pilgerfahrt auf, und der Sohn nahm von nun an seine Stelle ein und machte alles genauso, wie der Vater es ihm aufgetragen hatte. Jeden Tag trug er die Milch zu dem Felsen und brachte dafür ein Goldstück heim. Eines Tages dachte er bei sich: »Wenn die Schlange jeden Tag mit einem Goldstück aus ihrem Loch kommt, so hat sie sicher einen großen Schatz in ihrem Nest. Anstatt ihr jeden Tag Milch zu bringen und sich mit einem Goldstück zu begnügen, wäre es klüger, sie zu töten, ihr Nest zu suchen und den Schatz auszugraben. So bekäme man alles Gold auf einmal!« Solche Gedanken gingen ihm immer wieder durch den Kopf, und am Ende beschloß er, die Schlange zu töten, um mit einem Schlage reich zu werden.

Als er am nächsten Tag wieder zu der Schlange ging, nahm er seine Axt mit. Er stellte die Milch an den gewohnten Platz und legte sich in einem Gebüsch in der Nähe auf die Lauer. Wie jeden Tag erschien die Schlange bald darauf und brachte ein Goldstück mit. Als sie zu trinken begann, kam der Sohn aus seinem Versteck hervor. Er hob die Axt, schlug zu und hieb der Schlange den Schwanz ab. Die Schlange aber fuhr herum und biß den Sohn, so daß er starb.

Bald darauf kehrte der Vater von seiner Pilgerfahrt zurück. Er war müde und erschöpft und hatte unterwegs alles, was er besaß, ausgegeben; nicht eine einzige Lira hatte er übrigbehalten. Als man ihm sagte, daß eine Schlange seinen Sohn gebissen und getötet habe, verstand er augenblicklich, was sich zugetragen hatte, und war sehr betrübt. In seinem Kummer vergaß er beinahe, daß er nun, nach seiner Pilgerfahrt, ein wahrer Mekkapilger, ein Hadschi, war und empfing seine Freunde nicht mit frohem Gesicht. Er überlegte, ob er die Schlange wohl mit süßen Worten aus ihrer Höhle hervorlocken könne, und ging eines Morgens wie früher zu dem Felsen. Er stellte ihr die Milch hin und wartete. Eine Stunde verging und auch eine zweite; Schwärme von Fliegen schwirrten herbei und machten sich über die Milch her, aber die Schlange zeigte sich nicht. Da begann der Hadschi die Schlange zu rufen: »Komm, meine Starke, meine Schöne, meine Vornehme, komm!« Doch so laut er auch rief, die Schlange gab keine Antwort und ließ sich nicht blicken. Als er schließlich in sein Dorf zurückkehren wollte, drang auf einmal ein Zischen an sein Ohr. Er wandte sich um, da sah er die Schlange. Sie rief:

»Er ging auf Pilgerfahrt und kam als Hadschi heim,
mein Schmerz wird nie vergangen sein.«

Und sie fuhr fort: »Solange dich der Verlust deines Sohnes schmerzt und mich der Verlust meines Schwanzes, werden wir uns nicht aussöhnen, ja, einander nicht einmal ansehen können! Geh deiner Wege und kehre niemals mehr hierher zurück!«

Märchen aus der Türkei

Der Mensch und der Bär

In alter Zeit, als die Menschen die Sprache der Tiere und die Tiere die menschliche Rede noch verstanden, begegneten ein Mensch und ein Bär einander einmal im Walde. Die beiden schlossen Wahlbruderschaft und blieben fortan beisammen. Der Bär streifte durch den Wald und jagte nach Wild, und der Mensch bereitete es zu und teilte es auf. So ging es ihnen gut, sie hatten alles im Überfluß und nichts zu wünschen übrig.

Da geschah es einmal, daß ein heftiger Gewitterregen fiel und die beiden in eine unheimliche Felsenhöhle krochen, um darin Schutz zu suchen. Sie legten sich zum Schlafen nieder; eng lagen sie beieinander, und der Vetter Bär hielt den Menschen, wie eine Mutter ihr kleines Kind hält. Plötzlich ruft der Mensch: »Geh, Vetter, kehr dich zur anderen Seite um!«

»Aber warum denn?« fragt der Bär.

»Geh, kehr dich um, aus deinem Munde strömt übler Geruch.«

Der Bär kehrte sich um und schwieg still. Als die Sonne am Morgen aufging, weckte der Bär seinen Wahlbruder, den Menschen, und sprach: »Steh schleunig auf, nimm deine Axt und zerschlag mir den Schädel!«

»Gott steh mir bei! Bist du von bösen Geistern besessen, daß du solches von mir verlangst? Wie kann ich dir den Schädel einschlagen?«

»Ich habe es gesagt, und tust du es nicht, so erwürge ich dich!« Was sollte der ärmste Mensch tun? Er nimmt seine Axt und schlägt den Bären damit auf den Schädel, hat ihm auch ein Stück vom Schädel abgeschlagen. Darauf sagt der Bär: »Nun, Wahlbruder, geh du deinen Weg, und ich gehe meinen. Heute über ein Jahr kehre hierher zurück, damit wir uns wiedertreffen!«

Das Jahr kam und verging, und die Wahlbrüder trafen einander wieder. Da sprach der Bär: »Sieh einmal nach, Wahlbruder, ob die Wunde, die du mir geschlagen hast, schon verharscht ist.«

Der Mensch untersuchte den Kopf des Bären und sprach: »Bei Gott, die Wunde ist längst verheilt und kaum mehr fühlbar!«

»Siehst du, Bruder, diese Wunde ist verheilt und schmerzt mich nicht mehr«, erwiderte der Bär, »doch jene, die deine Worte mir geschlagen haben, spüre ich noch immer. Pack dich von hinnen, sonst zahlst du Blutgeld!« Und fortan gingen die beiden sich aus dem Weg.

Märchen aus Bosnien

Von den drei Brüdern, die in die Welt gehen

Es war einmal ein armer Mann, der hatte drei Söhne. Wegen seiner großen Armut konnte er sie nicht ernähren. In dieser Not beschlossen die drei Brüder, sie wollten die Last ihres alten Vaters erleichtern, ihr Bündel schnüren und den Wanderstab in die Hand nehmen, um zu sehen, ob sie anderwärts etwas verdienen könnten. Sie baten also den Vater um seinen Segen und um die Erlaubnis, ihr Glück in der Welt zu versuchen, und gaben ihm das Versprechen, nach Verlauf von zehn Jahren in das Vaterland heimzukehren.

Als sie eine Zeitlang miteinander gereist waren, schien es ihnen wohlgetan, sich zu trennen. Der Älteste begab sich zu einem Heer, das im Felde stand, nahm Handgeld und ward in kurzer Zeit so erfahren im Kriegswesen und ein so geschickter, mutiger Kämpfer, daß er den Vorrang vor allen seinen Kameraden hatte. Ja, so groß waren seine Gewandtheit und Leichtigkeit, daß er mit einem Dolch in jeder Hand die höchste Festungsmauer hinanklimmen konnte.

Der Zweite kam zu einem Hafen, wo man Schiffe baute, und tat sich in die Lehre bei einem der Schiffbauer, der trefflich in seinem Fach war. Und es währte nicht lange, da brachte er es so weit darin, daß man nicht seinesgleichen fand und er im ganzen Land berühmt ward. Der Dritte endlich hatte sich ganz in die süßen Lieder der Nachtigall verliebt und war ihren Tönen durch dunkle Täler und dichte Heiden, über Seen und durch öde, widerhallende Wälder nachgezogen. So sehr ergötzte es ihn, in dieser

Einsamkeit, wo keine menschliche Spur zu finden war, den lieblichen Vögeln zuzuhören, daß er darüber der Rückkehr vergaß und ein Waldmann wurde. Auf diese Weise lebte er zehn Jahre ohne irgendein Obdach und bekam ganz das Ansehen eines Wilden. Und durch lange Gewohnheit und stete Aufmerksamkeit hatte er die Sprache aller Vögel gelernt, so daß er zu seinem großen Vergnügen alles verstand, was sie sagten.

Die Zeit war nun gekommen, in der sie heimkehren sollten. Die beiden ältesten fanden sich am bestimmten Tage zuerst an dem Ort ein, wo sie einander treffen wollten, und erwarteten ihren dritten Bruder. Wie erstaunten sie aber, ihn unbekleidet und ganz mit Haaren bewachsen ankommen zu sehen! Sein Anblick rührte sie zu Tränen, sie liefen ihm entgegen, umarmten und küßten ihn und sorgten für seine Bekleidung. Als sie nun mittags miteinander aßen, setzte sich ein Vogel auf einen nahen Baum und sang, und der Inhalt seines Liedes war: »Ihr Brüder, wißt, in dem Winkel dieses Hauses liegt ein großer Schatz verborgen, der euch seit langer Zeit bestimmt ist. Geht hin, ihn zu heben!« So sang der Vogel und flog davon. Der jüngere Bruder erklärte den beiden andern, was der Vogel gesagt hatte. Sie gruben an dem bezeichneten Ort nach, fanden den Schatz und nahmen Besitz davon, und vergnügt und mit Reichtümern gesegnet kehrten sie nun zu ihrem Vater zurück.

Nachdem die erste Freude des Wiedersehens vorüber war und sie ihre Zurückkunft durch viele reiche Feste gefeiert hatten, hörte der jüngste der Brüder eines Tages einem Vogel zu, der sang: »Im Ägäischen Meer liegt eine Insel, Chios genannt. Auf dieser erbaute die Tochter des Apollon eine Burg von festem Marmor, deren Eingang von einer Schlange bewacht wird, die Feuer und Gift aus ihrem Munde sprüht; und ein Basilisk ist an die Schwelle der Tür gebunden. Dort ist Aglaja, die schönste Jungfrau der Welt, verschlossen nebst einem ungeheuren Schatz. Wer jene Burg ersteigt, gewinnt den Schatz und Aglaja.« Darauf flog der Vogel davon, und der jüngste teilte, was er vernommen, seinen Brüdern mit. Es ward sogleich beschlossen, diese Unternehmung zu wagen. Der älteste versprach, mit zwei Dolchen die Mauer zu ersteigen, und der zweite unternahm, ein schnell segelndes Schiff zu bauen.

Dies war auch in kurzer Zeit fertig. Sie gingen eines Tages bei gutem Wind unter Segel und erreichten glücklich die Insel Chios. Es war Nacht, als sie ankamen, und ehe noch der Tag anbrach, erkletterte jener mutige Kriegsmann, mit zwei Dolchen bewaffnet, die Mauer, nahm Aglaja gefangen und ließ sie an einem Strick zu den Brüdern hinab. Dann bemächtigte er sich aller Rubine und Kostbarkeiten und eines Berges von Gold, den er dort fand, und stieg, nachdem er das Schloß ausgeplündert hatte, lustig wieder hinunter.

So kehrten sie gesund und wohlbehalten in ihr Vaterland zurück. Wegen der Jungfrau aber, die sie nicht teilen konnten, gerieten sie in Uneinigkeit. Jeder der Brüder behauptete, sie gebühre ihm, und es entstanden viele und lange Streitigkeiten, wer sie am meisten verdiene, und die Sache ist noch bis jetzt nicht ausgemacht. – Wem sie aber mit Recht zukomme, mögt ihr selbst entscheiden!

Märchen aus Italien

Die drei Brüder

Es war ein Mann, der hatte drei Söhne und weiter nichts im Vermögen als das Haus, worin er wohnte. Nun hätte jeder gerne nach seinem Tode das Haus gehabt, dem Vater war aber einer so lieb als der andere, da wußte er nicht, wie er's anfangen sollte, daß er keinem zu nahe tät; verkaufen wollte er das Haus auch nicht, weil's von seinen Voreltern war, sonst hätte er das Geld unter sie geteilt. Da fiel ihm endlich ein Rat ein, und er sprach zu seinen Söhnen: »Geht in die Welt und versucht euch und lerne jeder sein Handwerk, wenn ihr dann wiederkommt, wer das beste Meisterstück macht, der soll das Haus haben.« Das waren die Söhne zufrieden, und der älteste wollte ein Hufschmied, der zweite ein Barbier, der dritte aber ein Fechtmeister werden. Darauf bestimmten sie eine Zeit, wo sie wieder nach Haus zusammenkommen wollten, und zogen fort.

Es traf sich auch, daß jeder einen tüchtigen Meister fand, wo er was Rechtschaffenes lernte. Der Schmied mußte des Königs Pferde beschlagen und dachte: »Nun kann dir's nicht fehlen, du kriegst das Haus.« Der Barbier rasierte lauter vornehme Herren und meinte auch, das Haus wäre schon sein. Der Fechtmeister kriegte manchen Hieb, biß aber die Zähne zusammen und ließ sich's nicht verdrießen, denn er dachte bei sich: »Fürchtest du dich vor einem Hieb, so kriegst du das Haus nimmermehr.«

Als nun die gesetzte Zeit herum war, kamen sie bei ihrem Vater wieder zusammen; sie wußten aber nicht, wie sie die beste Gelegenheit finden sollten, ihre Kunst zu zeigen, saßen beisammen und ratschlagten.

Wie sie so saßen, kam auf einmal ein Hase übers Feld dahergelaufen. »Ei«, sagte der Barbier, »der kommt wie gerufen«, nahm Becken und Seife, schaumte so lange, bis der Hase in die Nähe kam, dann seifte er ihn in vollem Laufe ein und rasierte ihm auch in vollem Laufe ein Stutzbärtchen, und dabei schnitt er ihn nicht und tat ihm an keinem Haare weh. »Das gefällt mir«, sagte der Vater, »wenn sich die andern nicht gewaltig angreifen, so ist das Haus dein.«

Es währte nicht lang, so kam ein Herr in einem Wagen dahergerennt in vollem Jagen. »Nun sollt Ihr sehen, Vater, was ich kann«, sprach der Hufschmied, sprang dem Wagen nach, riß dem Pferd, das in einem fortjagte, die vier Hufeisen ab und schlug ihm auch im Jagen vier neue wieder an. »Du bist ein ganzer Kerl«, sprach der Vater, »du machst deine Sachen so gut wie dein Bruder; ich weiß nicht, wem ich das Haus geben soll.«

Da sprach der dritte: »Vater, laßt mich auch einmal gewähren«, und weil es anfing zu regnen, zog er seinen Degen und schwenkte ihn in Kreuzhieben über seinen Kopf, daß kein Tropfen auf ihn fiel; und als der Regen stärker ward und endlich so stark, als ob man mit Mulden vom Himmel gösse, schwang er den Degen immer schneller und blieb so trokken, als säß er unter Dach und Fach. Wie der Vater das sah, erstaunte er und sprach: »Du hast das beste Meisterstück gemacht, das Haus ist dein.«

Die beiden andern Brüder waren damit zufrieden, wie sie vorher gelobt hatten, und weil sie sich einander so liebhatten, blieben sie alle drei zusammen im Haus und trieben ihr Handwerk; und da sie so gut ausgelernt hatten und so geschickt waren, verdienten sie viel Geld. So lebten sie vergnügt bis in ihr Alter zusammen, und als der eine krank ward und starb, grämten sich die zwei andern so sehr darüber, daß sie auch krank wurden und bald starben. Da wurden sie, weil sie so geschickt gewesen waren und sich so liebgehabt hatten, alle drei zusammen in ein Grab gelegt.

Märchen der Brüder Grimm

Das Feld der Bruderliebe

Ein Vater ließ seinen zwei Söhnen ein Getreidefeld als Erbstück zurück, und die beiden teilten das Feld ehrlich unter sich. Der eine Sohn war reich und unverheiratet, der andere arm und mit Kindern gesegnet.

Einmal, zur Erntezeit, lag der Reiche in der Nacht auf seinem Lager und sagte zu sich: »Ich bin reich. Wozu brauche ich so viele Garben? Mein Bruder ist arm; er hat das Getreide nötiger als ich.« Er stand vom Bett auf, ging auf seinen Teil des Feldes, nahm einen Armvoll Garben und brachte sie auf das Feld seines Bruders.

In derselben Nacht dachte sein Bruder: »Mein Bruder hat keine Frau und keine Kinder. Das einzige, woran er Freude hat, ist sein Reichtum. Ich will hingehen und seinen Reichtum vermehren.« Er stand von seinem Lager auf, ging auf seinen Feldanteil und trug einen Teil der Garben auf das Feld seines Bruders.

Als die beiden in der Frühe ihre Felder besuchten, staunten sie darüber, daß ihr Getreide nicht weniger geworden war; ihr Staunen nahm kein Ende.

In den folgenden Nächten machten sie es ebenso: Jeder brachte einige seiner Garben auf das Feld des anderen. Und da sie an jedem Morgen merkten, daß die Anzahl ihrer Garben unverändert war, so waren sie überzeugt, daß der Himmel sie für ihre Güte beschenkt hatte.

In einer Nacht geschah es aber, daß beide Brüder, die Hände voller Garben, sich auf ihrem Weg vom einen Feld zum andern begegneten. Sie erkannten, was geschehen war, fielen einander um den Hals und küßten sich. Da hörten sie eine Stimme vom Himmel, die rief: »Dieser Platz, an dem sich so viel Bruderliebe offenbart hat, ist würdig, daß auf ihm mein Tempel errichtet werde, der Tempel der Bruderliebe.« Und tatsächlich wählte König Salomon diesen Platz für den Tempelbau.

Jüdisches Märchen

Der Schwarze Stein von Arddu

In Betta Garmon, am nordwestlichen Abhang des Snowdon, wohnte einst ein reicher Bauer, der hatte eine einzige Tochter mit Namen Meredith. Das Mädchen war schön, dabei aber eigensinnig und verwöhnt und voller Launen. Reich, schön und jung, wie sie war, fehlte es ihr nicht an Bewerbern, aber sie schlug jeden aus. Den einen fand sie zu groß, den anderen zu klein, keiner war ihr recht, spöttisch wies sie alle ab und wollte nur einen Mann, der etwas ganz Besonderes war.

In demselben Dorfe lebte damals ein Bauernsohn namens Huweyn Sion, der nicht reich war, aber rechtschaffen und ehrlich, weshalb er im ganzen Kirchspiel geachtet wurde. Zudem war er ein hübscher Bursche, der den Mädchen gefiel. Er brauchte sie nur anzusehen, da waren sie schon in ihn verliebt! Doch was konnte Huweyn dafür? Er hatte nur Augen für Meredith, die schöne, reiche Bauerntochter. Er liebte sie, seit er denken konnte. Zu seinem Glück geschah es, daß auch Meredith ihn liebte, so stark und tief, wie das schöne, stolze, reiche Mädchen es vermochte. Ihr Vater hatte keinen sehnlicheren Wunsch, als die einzige Tochter glücklich zu sehen. Er hielt große Stücke auf den redlichen und fleißigen Huweyn, weshalb er ihn ermutigte, um Meredith zu freien, und so zog der junge Bursche eines Tages seinen besten Rock an und machte sich auf den Weg. Meredith, die alle Tage frei tun und lassen konnte, was ihr gefiel, war gerade dabei, auf dem Anger vor dem Bauernhof die jungen Fohlen zu jagen, als Huweyn, schön und festtäglich gekleidet, daherkam. Kaum hatte sie ihn erblickt, rief sie ihm zu: »Sag mir doch, Huweyn, was für einen Tag haben wir heute? Ist heut Sonntag?«

»Wenn du willst«, erwiderte er, »ist heute Sonntag für mich«, und er offenbarte ihr, warum er gekommen war. Da begann Meredith zu lachen und lachte so laut, daß ihre Fohlen erschreckt davonstoben. »Ei, seht mir diesen Bauern an«, spottete sie, »er meint doch wahrhaftig, er sei der rechte Mann für mich! O nein, Huweyn, nein, einen Bauern will ich nicht, ich will einen Barden! Geh und kehr nicht eher zu mir zurück, als bis du ein echter Barde geworden bist!«

Sie ließ ihn stehen und lief die Wiese hinauf, ihren Fohlen nach. Huweyn aber ging in tiefster Betrübnis von dannen. Ach, hätte er sich doch nur ein einziges Mal umgeschaut, dann hätte er gesehen, wie Meredith, kaum daß er fort war, an ihren alten Platz zurücklief, sich dort auf das hölzerne Gatter setzte und ihm nachblickte, bis er verschwunden war. Er aber ließ traurig den Kopf hängen und schaute nicht links und nicht rechts. An einem steinigen Platz, »yr Arddu« genannt – das heißt »der Schwarze Weiler« –, an dem man vorüberkommt, wenn man den Snowdon besteigt, liegt ein Felsbrocken, welcher »Maen du y Arddu« heißt.

Die Sage erzählt: Wenn zwei Menschen eine Nacht auf diesem Stein schlafen, so wird der eine am nächsten Morgen bei Sonnenaufgang mit der Gabe des Bardentums beschenkt, der andere aber verfällt dem Wahnsinn. »Ich gehe dorthin, gleich«, beschloß Huweyn, »denn wenn ich die Gabe des Sängers erhalte, werde ich glücklich, falle ich aber in Wahnsinn, so fühle ich nicht, daß ich unglücklich bin. Doch müssen es zwei sein, die hinaufsteigen, und wen dürfte ich bitten, mich auf solchem Gang zu begleiten!« Wie er so ging und grübelte, begegnete ihm Huw Belissa, vor dem er seinen Kummer nicht lange verbergen konnte, denn

Belissa war von Jugend auf sein liebster und vertrautester Freund. Er war von allen jungen Burschen des Dorfes der wagemutigste, und kaum hörte er, was den Freund bedrückte, als er auch schon fröhlich rief: »Huweyn, ich begleite dich!« Je mehr Huweyn versuchte, den Freund von seinem Vorhaben abzubringen, um so hartnäckiger hielt der daran fest, und so traten sie den Weg schließlich gemeinsam an. Als sie an Merediths Haus vorübergingen, stand das Mädchen in der Tür und fragte: »Wohin des Weges?«

»Da hinauf«, antwortete Belissa und zeigte zum Gipfel des Snowdon empor, der im Abendrot strahlte, »zum Schwarzen Weiler!« Bei diesen Worten fiel es dem Mädchen schwer aufs Herz, doch faßte sie sich bald und wünschte den Freunden eine glückliche Reise. Sie glaubte wohl auch, die beiden hätten nur spaßen wollen. Nach einer Weile aber, als Meredith wieder hinaussah, entdeckte sie im schwachen Licht der Abenddämmerung die Schatten der beiden bereits hoch droben am Berghang, weit über dem tiefen Tal. Da ward ihr angst, und sie mußte den ganzen Abend an den Schwarzen Weiler denken. Selbst als sie sich zu Bett gelegt hatte und eingeschlafen war, hatte sie keine Ruhe vor ihm: Er drängte sich in ihren Traum, und es war ihr, als sei Huweyn in Wahnsinn gefallen – ihretwegen. Sie kämpfte um ihn, sie flehte, sie litt … und erwachte schweißgebadet, als es vom Kirchturm gerade Mitternacht schlug. Da hielt es sie nicht länger im Bett, sie stand auf, kleidete sich hastig an und lief hinaus. Von Liebe und von Gewissensangst gejagt, erklomm sie den Snowdon. Es war eine finstere Nacht, nur wenige Sterne blinkten hin und wieder zwischen dem Gewölk hervor, und der nimmermüde Wind, der den Snowdon umtoste, heulte schauerlich in Höhlen und Löchern. In der schwarzen Dunkelheit verirrte Meredith sich wieder und wieder und kletterte beim Morgengrauen noch immer in der Felsenwüste, weit vom Ziel. Endlich aber findet sie den Weg, endlich kann sie hoffen, noch früh genug bei den Schlummernden zu sein, um sie zu wecken und zu retten; doch als sie mit letzter Kraft den Gipfel erklimmt und den Namen des Geliebten ruft, da, zugleich mit dem Klang ihrer Stimme, erreicht der erste Strahl der Morgensonne die Schläfer, sie erwachen, und das Verhängnis ist erfüllt: Auf dem nebelumwehten Felsen steht schlank und aufrecht Huweyn, der Barde, das Antlitz verklärt vom Morgenrot, während Belissa mit dem Lachen des Wahnsinns das Echo der Berge weckt.

Von Liebe und Schmerz zerrissen und bittere Tränen vergießend, sank Meredith vor Huweyn nieder und umklammerte verzweifelt seine Knie. Er aber sprach: »Mir bleibt nur noch eine Sorge auf Erden, die Sorge um Huw Belissa. Weiter habe ich nichts.«

Die Harfe Huweyns wurde die Freude und das Entzücken seines Volkes, Meredith aber schmerzte ihr Klang wie Schwerterstich. Sie, die Rose von Betta Garmon, welkte vor der Zeit und starb früh. In Schloß und Hütte aber berühmt wurde Huweyn Sion, »y Canu«, der Sänger: Nicht vor und nicht nach ihm war ein besserer Sänger in Cambrien.

Märchen aus Wales

Der Padischah der dreißig Peris

In alter Zeit lebte ein Padischah, der hatte eine einzige Tochter, die vierzehn, fünfzehn Jahre alt war. Einmal saß das Mädchen mit ihrem Stickrahmen im Garten am Teich und stickte. Als sie ihren Ring vom Finger zog und ihn auf den Stickrahmen legte, kam plötzlich ein weißer Täuberich geflogen, packte den Ring und flog damit fort. Kaum hatte das Mädchen den schönen Täuberich erblickt, verliebte sie sich so sehr in ihn, als ob sie tausend Herzen hätte. Am nächsten Tag saß sie wieder im Garten und stickte. Sie nahm ihren Armreif ab und legte ihn auf den Stickrahmen, da kam der Täuberich wieder, *prrr...*, geflogen und trug auch ihn davon. Aus übergroßer Liebe zu dem Täuberich mochte das Mädchen nicht essen, nicht trinken. Auch am nächsten Morgen saß sie am Teich, doch diesmal hatte sie ihre Stickarbeit beiseite gelegt und wartete ungeduldig auf den Täuberich. Als er erschien, zupfte er das Tuch, das sie bestickt hatte, aus dem Stickrahmen und trug es im Schnabel davon. »Wann werde ich ihn wiedersehen?« dachte das Mädchen bekümmert. Sie hielt alle Tage ungeduldig nach dem schönen Täuberich Ausschau, sie wartete mit immer größerer Sehnsucht auf ihn, aber er kam nicht wieder.

Die alte Amme sah voll Sorge, wie die Tochter des Padischahs von Tag zu Tag bleicher wurde, wie sie seufzte und weinte und immer noch nicht wieder essen und trinken wollte. Lange Zeit wagte sie nicht, vor den Padischah zu treten und ihm zu gestehen, daß sein einziges Kind schwer erkrankt war. Als es dem Mädchen aber schlechter und schlechter ging und sie um deren Leben fürchten mußte, faßte sie Mut und offenbarte ihm, wie es um seine Tochter stand.

Der Padischah war zu Tode erschrocken. Er eilte zu seiner Tochter. »Was fehlt dir, mein liebes Kind?« fragte er besorgt, aber sie gab ihm keine Antwort. Da ließ er weise Hodschas und erfahrene Ärzte an das Krankenbett seiner Tochter rufen, aber keiner fand die Ursache für deren Krankheit heraus. »Die Hodschas und Ärzte können Eurer Tochter nicht helfen«, sprach der Wesir des Padischahs, »wir müssen es auf andere Weise versuchen. Laßt einen Hammam bauen, dessen Wasser Kranken Heilung bringt, und laßt verkünden, daß jedermann, der uns seine Lebens- und Leidensgeschichte erzählt, umsonst darin baden darf.«

Der Padischah ließ den Hammam errichten und lud alles Volk ein, sich in dem heilkräftigen Wasser zu baden und zu waschen. »Der Blinde wird sehen, und dem Kahlköpfigen wird das Haar wieder sprießen. Erzählt, was euch quält, und ihr werdet geheilt. Geld kostet es keins«, gab er bekannt. Die Leute strömten in Scharen in den Hammam, und wenn sie fortgingen, ließen sie ihre Leiden und ihre Lebensgeschichten zurück.

Als ein Keloğlan, ein Kahlkopf, davon hörte, sagte er zu seiner alten, lahmen Mutter: »Laß uns in das neue Badehaus gehen! Vielleicht werden auch wir dort geheilt.«

»Aber wie soll ich denn so weit laufen?« jammerte die Mutter, »ich kann ja nicht einmal allein aufstehen!«

»Mach dir darum keine Sorgen«, sagte der Keloğlan, »du hast doch einen starken Sohn!« Und damit lud er sich seine alte Mutter auf den Rücken und machte sich mit ihr auf den Weg.

Als er eine Weile gegangen war, begann ihn die schwere Last zu drücken. Er setzte die Mutter im Schatten eines großen Baumes nieder und sagte: »Machen wir hier eine kurze

Rast! Ich will mir ein wenig die Füße vertreten.« Wie er um sich schaute und überlegte, in welche Richtung er sich wenden sollte, sah er plötzlich einen Hahn mit einem Wasserkrug auf dem Rücken daherkommen. »Wohin der Hahn wohl das Wasser trägt?« dachte der Keloğlan verwundert, zögerte nicht lange und folgte ihm.

Der Hahn lief auf eine mächtige Mauer zu, schlüpfte durch ein Loch in der Mauer und war verschwunden. Der Keloğlan zwängte sich ebenfalls durch das Loch und stand vor einem großen Palast. Er trat ein, doch nirgends sah er eine Menschenseele. Ungehindert streifte er durch die Gemächer, bis er in eines kam, das größer und prächtiger als alle anderen war. »Ich will mich verstecken und warten, ob hier nicht jemand wohnt«, dachte er und kroch in einen Schrank. Nicht lange, und drei Tauben kamen geflogen. Sie schlugen mit den Flügeln, sie schüttelten sich und wurden zu schönen jungen Mädchen. »Es ist schon spät«, sagten sie zueinander, »gleich wird unser Padischah hier sein. Wir müssen uns sputen.« Die eine nahm einen Besen und fegte, die andere deckte den Tisch, und die dritte trug die Speisen herein. Dann schüttelten sie sich aufs neue und flogen als drei Tauben zum Fenster hinaus.

Beim Anblick der Speisen lief unserem hungrigen Keloğlan das Wasser im Munde zusammen. »Ich bin mutterseelenallein«, dachte er, »niemand sieht es, wenn ich meinen leeren Magen mit einigen leckeren Bissen fülle.« Er kletterte aus dem Schrank und streckte die Hand nach den Speisen aus, aber wie erschrak er, als er plötzlich einen so heftigen Schlag auf die Finger erhielt, daß sie im Nu anschwollen! Er streckte die andere Hand aus und erhielt einen Schlag, der noch weit schmerzhafter als der erste war. Da bekam der Keloğlan es mit der Angst zu tun und verzichtete aufs Essen. Rasch flüchtete er zurück in sein sicheres Versteck und getraute sich nicht, es noch einmal zu verlassen. Plötzlich kam ein weißer Täuberich geflogen. Er schlug mit den Flügeln, er schüttelte sich und verwandelte sich in einen Jüngling, der schön wie der Mond in der Nacht seiner Fülle war. Keloğlan beobachtete, wie der Jüngling sich niedersetzte und aß und danach eine Schatulle hervorholte und sie öffnete. Er nahm einen Fingerring, einen Armreif und ein besticktes seidenes Tüchlein heraus, seufzte und sprach:

»Meine Schöne, diesen Ring,
diesen Armreif hast einst du getragen.
Werde ich wohl jemals erfahren,
wo du bist, wie es dir geht?«

Er seufzte wieder, begann zu weinen und trocknete seine Tränen mit dem seidenen Tüchlein. Dann legte er Fingerring, Armreif und Tüchlein in die Schatulle zurück und legte sich schlafen. Dem Keloğlan in seinem engen Versteck wurde die Nacht lang.

Am Morgen wurde der Jüngling wieder zu dem Täuberich und flog davon. Nun konnte Keloğlan aus dem Schrank kriechen. Er schlich in den Hof, zwängte sich durch das Loch in der Mauer ins Freie und war endlich wieder bei seiner Mutter, die weinte und jammerte und sich die Haare raufte. Welche Angst hatte die Arme ausgestanden in der letzten Nacht! Ihr Sohn tröstete sie, nahm sie wieder auf den Rücken, und bald waren sie vor dem Hammam und wurden mit vielen anderen Hilfesuchenden eingelassen.

Kaum hatten sie in dem heilkräftigen Wasser gebadet, sprossen dem Keloğlan die Haare, und seine Mutter konnte wieder auf ihren eigenen Beinen stehen und ohne fremde Hilfe gehen. Welche Freude! Die beiden wurden an das Krankenlager der Prinzessin geführt und erzählten ihr, was sie bis zu diesem glücklichen Augenblick alles erlebt und erlitten hatten. Als der Keloğlan aber von seinem Abenteuer in dem seltsamen Palast berichtete und von dem Täuberich sprach, der sich in einen schönen Jüngling verwandelte, kam frisches Leben in die Prinzessin, und ihre Wangen röteten sich. Sie stand von ihrem Lager auf und sprach: »Mein Bruder, bitte führe mich zu diesem Palast, damit ich mit eigenen Augen sehe, was du gesehen hast! Zum Dank will ich dir den Hammam schenken.«

Da freute sich der Keloğlan, der nun kein armer Kahlkopf mehr war, und machte sich gleich mit ihr auf den Weg. Er führte sie zu der mächtigen Mauer und half ihr durch das enge Loch, durch das man in den Hof des Palastes gelangte. Er führte sie weiter in den Palast hinein bis in das Zimmer des schönen Jünglings. Dort zeigte er ihr den Schrank, der ihm als Versteck gedient hatte, und wartete, bis sie hineingeschlüpft war. Dann ließ er sie allein. Er kehrte zu seiner Mutter zurück, und die beiden lebten von nun an glücklich und ohne Sorgen, waren sie doch mit Gesundheit und Reichtum gesegnet. Verlassen wir die beiden nun und wenden uns wieder der Prinzessin in ihrem Versteck zu:

Gegen Abend hört sie ein Schwirren und sieht drei Tauben herbeifliegen. Die Tauben schlagen mit den Flügeln, sie schütteln sich und werden zu drei schönen Mädchen, die sich gleich an die Arbeit machen. Als alles gefegt und geputzt ist und das Essen bereitet und der Tisch gedeckt, nehmen sie wieder ihre Taubengestalt an und sind, *prrr*, auf und davon. Da kommt auch schon der Täuberich geflogen. Als die Prinzessin ihn erblickt, wird sie beinahe ohnmächtig vor Freude, und mit Staunen sieht sie, wie er sich in einen Jüngling verwandelt, der so schön ist wie der Mond in der vierzehnten Nacht. Der Jüngling setzt sich nieder und ißt ein wenig, dann nimmt er einen Fingerring, einen Armreif und ein seidenes Tüchlein aus einer Schatulle und spricht unter Tränen:

»Meine Schöne, diesen Ring,
diesen Armreif hast einst du getragen.
Werde ich wohl jemals erfahren,
wo du bist, wie es dir geht?«

Er nimmt das Tüchlein, um seine Tränen zu trocknen, da will der Prinzessin das Herz beinahe zerspringen vor Liebe. Sie klopft gegen die Schranktür, er geht und öffnet den Schrank … und erblickt die Geliebte. »Meine Schöne, wie hast du mich gefunden?« fragt er. Sie umarmen einander, sie legen sich nieder, welche Seligkeit!

Am Morgen spricht er zu ihr: »Meine Liebste, meine Schöne, ich bin wie du einer sterblichen Mutter Kind. Hör mein trauriges Schicksal: Kaum drei Tage war ich alt, da raubten mich dreißig Peris. Sie brachten mich hierher in diesen Palast und machten mich zu ihrem Padischah. Beinahe Tag und Nacht muß ich mit ihnen verbringen, nur selten gelingt es mir, mich ihnen zu entziehen. Sie sind eifersüchtig und dürfen dich hier nicht entdecken, sie würden uns beide töten. Bin ich mit ihnen draußen zusammen, hast du nichts zu befürchten. Schau dich im Palast um und laß es dir wohl sein! Sobald du sie aber kommen hörst, versteck dich! Ich will versuchen, jeden Abend für zwei Stunden bei dir zu sein.«

Die beiden leben eine Zeitlang sehr glücklich miteinander, doch eines Tages bemerkt der Jüngling, daß die Prinzessin schwanger ist. Da sagt er zu ihr: »Du kannst nun nicht länger hier bleiben. Ich will dich zum Konak meiner Mutter bringen, dort klopfe an und bitte in meinem Namen, im Namen des Prinzen Bahtijar, um Einlaß. Meine Mutter ist eine harte, mißtrauische Frau, sie wird dich gewiß abweisen. Meine alte Kinderfrau aber, die dir die Tür öffnet, hat ein mitleidiges Herz. Sie weist niemanden ab, der Hilfe braucht. Sie wird dich einlassen und dir beistehen, selbst wenn meine Mutter es nicht erlaubt, und so wirst du unser Kind in Ruhe und in Sicherheit zur Welt bringen.«

Das Mädchen klopft an die Tür des Konaks. Die alte Kinderfrau des Prinzen tut ihr auf und hört sie an. Dann geht sie zu seiner Mutter, berichtet ihr, was das Mädchen gesagt hat, und fragt: »Was soll ich tun?«

»Schick sie weg!« erwidert die Mutter, »wer weiß, ob sie nicht lügt? Ich will sie nicht im Haus haben!«

Die alte Kinderfrau aber bringt es nicht übers Herz, der Armen die Tür zu weisen. Sie läßt sie heimlich ein, führt sie in ein kleines Zimmer und sorgt für sie. Als die Stunde der Geburt gekommen ist, steht die Kinderfrau der Prinzessin bei und hilft ihr, das Kind, einen Sohn, auf die Welt zu bringen. Ihre Herrin aber merkt nichts von all den Heimlichkeiten, die in ihrem Palast vor sich gehen.

Eines Morgens kommt der Täuberich an das Fenster des kleinen Zimmers geflogen, in dem seine Frau im Wochenbett liegt. Er pocht gegen die Scheiben und ruft: »Meine Liebste, meine Schöne!« Sie fragt: »Mein Bahtijar?«

»Ach«, seufzt er, »wenn meine Mutter wüßte, wer du bist, in meinem Gemach ließe sie prunkvoll dich wohnen«, so seufzt er und fliegt davon, doch die Kinderfrau hat seine Worte gehört. Weinend läuft sie zu ihrer Herrin, wirft sich ihr zu Füßen und gesteht ihr schluchzend, daß sie das fremde Mädchen eingelassen hat und sie noch immer beherbergt. »Sie ist die Gemahlin Eures Sohnes Bahtijar, Herrin, und das Kind, das sie zur Welt gebracht hat, ist Bahtijars Sohn«, so erzählt sie unter Tränen. Die Mutter will davon nichts hören. Sie ist zornig, sie schlägt die Kinderfrau und schreit sie an: »Mach, daß du fortkommst!« Die alte Frau aber jammert: »Herrin, liebe Herrin, so glaubt mir doch! Geht selbst und hört Eurem Sohn zu!«

Am nächsten Morgen versteckt die Mutter sich bei der Tür des kleinen Zimmers und wartet. Bald schwirrt der Täuberich herbei, pocht ans Fenster und ruft: »Meine Liebste, meine Schöne!« Seine Frau fragt: »Mein Bahtijar?«, und er ruft: »Was macht mein Sohn?«

»Was soll er machen«, antwortet sie, »er schläft!«

Da klagt der Täuberich: »Ach, wenn meine Mutter wüßte, daß du meine Frau bist, in meinem Gemach ließe sie prunkvoll dich wohnen, und in meiner goldenen Wiege schlummerte mein Kind!«

So klagt er und fliegt davon.

Die Mutter hat nun alles mit eigenen Ohren gehört. Ihr Mißtrauen ist verflogen, sie öffnet die Tür des kleinen Zimmers und ruft: »Wie konnte ich denn wissen, daß du die Gemahlin meines Sohnes bist!« Aus dem Mund der jungen Frau vernimmt sie die ganze Geschichte und hört, daß ihr Sohn noch immer in der Gewalt der dreißig Peris ist. Da faßt sie einen Plan. Sie läßt das alte Gemach ihres Sohnes in Windeseile herrichten, und als alles aufs schönste bereitet ist, führt sie die junge Frau und das Kind dort hinein … Lassen wir die beiden nun ausruhen, und schauen wir erst am nächsten Morgen, was weiter geschieht!

Tık tık pocht der Täuberich in der Frühe an das Fenster des kleinen Zimmers, doch seine Frau antwortet nicht, das Zimmer ist leer. Aufgeregt fliegt er hierhin und dorthin, er findet sie endlich in seinem früheren Gemach und ruft: »Meine Liebste, meine Schöne!« Da fragt sie: »Warum, mein Bahtijar, schaust du stets nur durchs Fenster und kommst niemals zu uns herein? Willst du dein Kind nicht sehen? Liebst du es nicht?«

»Öffne das Fenster!« ruft er. Er schlüpft ins Zimmer, er schüttelt sich und steht in seiner Menschengestalt vor ihr. Nun soll er sein Kind in den Arm nehmen und soll es liebkosen. Er tut es, und sie redet und redet, die Zeit vergeht, und er vergißt die Zeit …

Draußen im Garten steht ein Zedernbaum, und während Prinz Bahtijar seinen kleinen Sohn in den Armen hält, ihn zärtlich wiegt und darüber die Zeit vergißt, läßt seine Mutter die Zweige des Baumes von oben bis unten, dicht an dicht, mit vergifteten Nadeln spicken. Auf einmal ist ein Geschwirr in der Luft, und dreißig Tauben kommen geflogen. Es sind die dreißig Peris auf der Suche nach ihrem Padischah. Sie lassen sich im Zedernbaum nieder, und es dauert nicht lange, da fallen sie eine nach der andern leblos zu Boden.

In seinem alten Gemach liebkost der Padischah der dreißig Peris noch immer seinen Sohn, doch auf einmal erschrickt er. Wie lange verweilt er schon hier? Sind es drei Stunden, vier, …? Er hat sich verspätet! »Meine Liebste, meine Schöne, was habe ich getan? Ich hätte schon längst in meinen Palast zurückkehren müssen!« Er will seine Taubengestalt wieder annehmen, will rasch auf und davon, aber da sagt seine Gemahlin zu ihm: »Schau aus dem Fenster!« Er schaut hinaus und sieht einen Schwarm Tauben tot unter dem Zedernbaum liegen. Da weiß er, er ist gerettet. Er nimmt seine Gemahlin in die Arme, und sie halten einander so fest umschlungen wie damals im Palast der Peris bei ihrem ersten Wiedersehen. Die Tür geht auf, und seine Mutter und die alte Kinderfrau kommen herein. Sie freuen sich, endlich wieder vereint zu sein, und feiern eine fröhliche Hochzeit, die dauert vierzig Tage und vierzig Nächte. Danach leben sie glücklich bis zu ihrem Tod.

Osmanisches Märchen aus Stambul

Der junge Bauer und die weiße Schwänin

Es war einmal ein junger Bauer, dem war die Mutter früh gestorben. Die Stiefmutter war eine böse Frau. Sie trug ihm die schwersten Arbeiten auf, gönnte ihm keine Ruhe und gab ihm nie ein gutes Wort. Tag für Tag schickte sie ihn hinaus auf den Acker, und dort pflügte er und säte und erntete und mühte sich ab, und so ging es jahrein und jahraus.

Eines Tages kam er hinunter an den See und fand dort eine weiße Schwänin, die sich in einer Schlinge verfangen hatte und am Fuß verletzt war. Er befreite sie und nahm sie mit nach Hause, legte ihr Wegerich auf die Wunde und versorgte sie gut. Kaum aber verließ er das Haus, packte die Stiefmutter das hilflose Tier, rupfte ihm alle Federn aus und warf die Federn in den glühenden Ofen. Als der junge Bauer am Abend heimkam und den edlen Vogel so jämmerlich zugerichtet fand, weinte er bittere Tränen. Eine seiner Tränen fiel auf die Schwänin, und siehe, da verwandelte sie sich in ein schönes junges Mädchen mit langen goldenen Flechten. Er sah sie an und verliebte sich in sie, nahm sie bei der Hand und sprach: »Du und keine andere sollst meine liebe Braut sein!« Die Stiefmutter sagte kein Wort, der Vater aber segnete die beiden, und bald wurde die Hochzeit gefeiert. Der junge Ehemann freute sich jeden Tag aufs neue an der Anmut und Schönheit seiner jungen Frau, und die Liebe, die sie ihm schenkte, machte ihn so glücklich, daß die bösen Kränkungen seiner Stiefmutter ihm nichts mehr anhaben konnten. Die junge Schwanenfrau aber litt sehr unter der

Bosheit der Stiefmutter, denn diese haßte sie und quälte sie, wo sie nur konnte. Daher sagte sie eines Tages zu ihrem Mann: »Ach, Liebster, laß uns zu meinen Brüdern und Schwestern, den Schwänen, fliegen, denn schlecht sind die Menschen, und schwer ist das Leben auf der Erde.« Doch da schüttelte er den Kopf und gab traurig zur Antwort: »Das kann ich nicht, wir Menschen sind nicht wie die Vögel!«

Eines Morgens bald nach Sonnenaufgang schickte die Stiefmutter die junge Schwanenfrau zur Quelle in den Wald. Als sie ihren Krug dort füllte, sang sie ein Lied voll Trauer und Schwermut. Da war auf einmal ein Geschwirr in der Luft, und viele weiße Schwäne kreisten über ihr, und jeder warf ihr eine Feder herab. Sie sammelte alle Federn ein und versteckte sie unter einer Baumwurzel. Am nächsten Morgen ging die Schwanenfrau wieder zum Wasserholen in den Wald und sang dort ihr Lied voll Trauer und Schwermut. Und wieder kamen die Schwäne geflogen und warfen ihr Federn herab. Sie hob auch diese sorgsam auf und legte sie zu den andern.

Am dritten Morgen sah die Schwanenfrau ihren Mann lange liebevoll an, küßte ihn und machte sich dann still und traurig auf den Weg in den Wald. Er aber folgte ihr heimlich und verbarg sich nahe der Quelle. Da sah er, wie viele weiße Schwäne herbeiflogen und Federn herabwarfen, sah, wie seine Frau sie aufsammelte und mit anderen zusammen, die sie unter einer Baumwurzel hervorholte, über sich warf und wieder zu der weißen Schwänin wurde. Weit breitete sie ihre Flügel aus –, da sprang er aus seinem Versteck hervor und wollte sie zurückhalten, doch es war zu spät: Schon flog sie zu ihren Brüdern und Schwestern in die Wolken hinauf.

Er setzte sich ins Gras und begann bitterlich zu weinen. »Ach, Liebste«, rief er, »ohne dich will ich nicht leben! Laß auch mich ein Schwan werden, damit ich immer bei dir sein kann!«

Als die Schwäne dies hörten, kehrten sie alle miteinander um und warfen auch ihm Federn herab. Kaum hatte er sie über sich geworfen, verwandelte er sich in einen weißen Schwan, hob sich in die Lüfte und flog bald Seite an Seite mit seiner Frau hoch am Himmel dahin.

Märchen aus Litauen

Des Totengräbers Sohn

Es war einmal ein armer Kuhlengräber (Totengräber), der hatte einen einzigen Sohn mit Namen Fritz, und ist da auch ein reicher Bürgermeister gewesen, der hatte eine einzige Tochter, die hieß Karoline. Weil nun die beiden Kinder zusammen in die Schule gingen und täglich beieinander waren, auch gleiches Alter hatten, so wurden sie sich von Herzen gut. Die Jahre kamen und vergingen, die Kinder wurden groß, aber ihre Liebe blieb dieselbe. Das war aber dem Vater des Mädchens gar nicht recht, daß sie sich zu so einem armen Jungen hielt, dessen Vater nur ein Totengräber war. Er machte dem Fritz das Leben sauer, wie und wo er nur konnte, und verbot seiner Tochter zuletzt auf das strengste, mit ihm zu verkehren und zu sprechen, so daß die zwei sich nur zuweilen heimlich sehen konnten. Da dachte der Fritz endlich: »Ich will nun in die weite Welt gehen und sehen, ob ich nicht da mein Glück machen und Geld erwerben kann; hier geht es doch nie und nimmer gut.« Und als er nun zum letzten Mal zu seiner Karoline ging, ihr Lebewohl zu sagen, fing sie bitterlich zu weinen an und gab ihm einen Ring und sagte, daß er sie doch nicht vergessen möchte, wenn er nun so weit in der Fremde wäre. »Nie und nimmer will ich dich vergessen«, hat er da gesagt, »ich gehe nun nach Spanien, das ist ein weiter, weiter Weg; darum versprich mir, daß du mir sieben Jahre lang treu bleiben willst; bin ich dann nicht zurück, so bin ich tot und komme niemals wieder.« Das haben sich die zwei fest versprochen und haben mit Weinen voneinander Abschied genommen; der Fritz ist dann fortgewandert auf dem Wege, der nach Spanien geht.

Gegen Abend kam er zu einem Schlosse, drinnen wohnte ein alter Ritter mit seiner Frau, die nahmen ihn freundlich auf und gaben ihm Herberge. Er erzählte ihnen, als sie zu Tische saßen, wie es ihm so traurig ergangen sei und daß er nun hinwollte nach Spanien, ob er da nicht sein Glück machen könne. Weil er nun so offen und treuherzig war, gewannen ihn der Ritter und seine Frau lieb, und da sie keine Kinder hatten, so behielten sie ihn bei sich als ihren Sohn, gaben ihm gute Kleider und ließen ihn in allem unterrichten, was einem Rittersmann zukommt.

Über eine Zeit, so ging die Kunde, der König von Spanien, der schon alt und des Regierens müde sei, hätte eine Krone ausgehängt; wer die in vollem Jagen herunterstäche, der sollte Vizekönig von Spanien sein und des Königs Tochter zur Frau haben. Da bat Fritz seine Pflegeeltern, daß sie ihn möchten nach Spanien an des Königs Hof ziehen lassen, denn das Kronenstechen hätte er doch gar zu gerne mitgemacht. »Wer weiß, ob es dir nicht glückt«, dachte er und bat so lange, bis ihm der Ritter ein Pferd gab und ihn ziehen ließ. So ritt er denn fort auf dem Wege, der nach Spanien geht, und als er dort ankam, da hatten sich schon alle Ritter im Stechen versucht, aber keiner hatte die Krone erlangen können. So war er der letzte an der Reihe, und richtig! – es gelang ihm, die Krone herunterzustechen. Da wurde er zum Vizekönig von Spanien gemacht und sollte des Königs Tochter haben.

Es waren aber zu der Zeit gerade die sieben Jahre herum, darum sprach er: »Ehe die Hochzeit ist, will ich noch einmal in meine Heimat zu meinem alten Vater reisen.« Des war der König zufrieden. So zog Fritz denn fort in seine Heimat, und als er da ankam, war es Abend; da kehrte er in dem ersten Gasthofe ein, der des Bürgermeisters Hause gerade gegenüberlag. Des Bürgermeisters Haus war aber ganz hell erleuchtet und war Musik darin und wurde getanzt. Da fragte er den Wirt, was denn das zu bedeuten hätte, daß es in dem Hause da auf der andern Seite so lustig herginge. »Das kommt daher«, antwortete der Wirt, »daß unsers Bürgermeisters Tochter heute Hochzeit hält.« Da fragte er weiter, ob er es als Fremder wohl wagen könnte, auch mal hinüber auf die Hochzeit zu gehen. »Das könnt Ihr nur dreist tun«, sagte der Wirt, »so einen feinen, reichen Herrn, wie Ihr seid, wird man da gerne sehen.« So ging er denn auf die Hochzeit, aber von den Leuten, die da waren, kannte ihn keiner wieder, und alle freuten sie sich, daß so ein vornehmer Herr ihnen die Ehre antäte, bei ihnen einzusprechen. »Ist es wohl erlaubt«, fragte er da, »mit der Braut einen Tanz zu machen?«

»Ei jawohl«, sprachen alle, »das wird der Braut eine große Ehre sein.« Da ging er hin zu den Musikanten und bestellte seinen Lieblingswalzer, den er sonst mit seiner Karoline immer so gern getanzt hatte, und als er sie nun zum Tanze holte und die Musik den Walzer zu spielen anfing, wurde sie ganz still und dachte bei sich: »Es ist doch sonderbar, daß dieser fremde Herr mich gerade heute an meinen Fritz erinnern muß, der doch gewiß schon lange tot ist; nun ich seinen Lieblingswalzer spielen höre, wird mir ordentlich das Herz schwer«; aber doch erkannte sie ihn nicht. Als nun der Tanz zu Ende war und der fremde Herr wieder fortgehen wollte, drückte er der Braut ein Papier in die Hand, und als sie das aufmachte, so lag darin der Ring, den sie ihrem Fritz vor sieben Jahren gegeben hatte, als sie voneinander Abschied nahmen. Sowie sie aber den Ring erkannte, wurde sie ganz blaß und fiel für tot auf den Boden hin. Da nahm die Hochzeit ein trauriges Ende. Fritz aber ging zu seinem Vater und gab sich ihm zu erkennen und erzählte ihm, daß er nun Vizekönig von Spanien sei. Das ist dem alten Manne eine große Freude gewesen.

Den andern Tag wurde Karoline in ihrem Sarge in das Totengewölbe gebracht, denn sie war nicht wieder zum Leben zurückgekommen. Mittlerweile kam ein Bote von Spanien, der brachte die Nachricht an Fritz, die Königstochter wäre plötzlich gestorben und der König wollte nun die Regierung ganz abtreten, darum solle er doch schnell nach Spanien zurückkommen. Weil er aber, ehe er fortreiste, seine liebe Karoline doch noch zum letzten Male sehen wollte, so ging er mit seinem Vater, der den Schlüssel zu dem Totengewölbe hatte, in der Nacht dahin. Da lag sie still in ihrem Sarge, und als er sich nun weinend über sie beugte, um sie zu küssen, fühlte er mit einem Male, daß sie noch leise Atem holte. Da brachte er sie mit seinem Vater aus dem kalten Gewölbe ins Haus, und in der Wärme kam sie nach und nach wieder ins Leben zurück; und als sie ihren Fritz erkannte, fielen sie sich beide um den Hals und weinten vor Freude, daß sie sich nun endlich wiederhatten.

Den folgenden Tag mußte Fritz wieder fort nach Spanien; seine Karoline ließ er aber bei seinem Vater und sagte ihr, daß sie da heimlich bleiben sollte, bis er wiederkäme. Es verging ein Jahr und ein Tag, da kam er zurück und veranstaltete ein großes Gastmahl, dazu ließ er auch den Bürgermeister einladen, und als sie zu Tische saßen, sagte er, er wolle ihnen mal ein Gleichnis aufgeben, darüber sollten sie ihm alle ihre Meinung sagen. »Es war mal ein Gärtner«, sprach er da, »der hatte eine wunderschöne Blume; die Blume verwelkte, und der Gärtner riß sie aus und warf sie aus seinem Garten. Nun kam des Wegs ein Mann, der fand die Blume, nahm sie mit und pflanzte sie in seinen Blumengarten, und weil er sie pflegte und wohl begoß, so wurde die Blume wieder frisch und schön wie vorher. Nun sagt! Wem kam die Blume zu: dem Gärtner, der sie aus seinem Garten warf, oder dem Manne, der sie fand und pflegte, bis sie wieder frisch und grün geworden war?« Da sagten sie alle, daß dem die Blume gehörte, der sie gefunden und gepflegt hätte. »Nun denn«, sagte er, »so will ich Euch die Blume zeigen!«, und indem machte er die Tür auf und ließ seine Karoline hereinkommen. »Seht her! Dies ist die Blume, die ich fand und pflegte und wieder ins Leben brachte, als sie verwelkt war; nun will ich sie auch behalten, solange ich lebe.«

Da nahm er sie mit in sein Königreich und lebte glücklich mit ihr bis an sein Ende.

Märchen aus Niedersachsen

Der Sohn des Kaufmanns

In England lebte einmal ein reicher Kaufmann, der hatte einen einzigen Sohn namens Karl, der wünschte sich schon als Knabe nichts so sehr, als daß er einmal eine Reise nach Italien machen dürfe. Allein seine Eltern fürchteten, es könnte ihm auf einer so großen Seereise leicht ein Unglück zustoßen; deshalb erlaubten sie es ihm nicht, zumal er noch so jung war. Da mußte er warten und wurde nun alle Tag um einen Tag und alle Jahr um ein Jahr älter, bis er das zwanzigste Jahr erreicht hatte.

Da kam eines Tags ein Bote zu Karls Vater mit der Nachricht, daß sein Schiff, welches allerlei Waren aus Italien holen sollte, untergegangen sei. Das war ein Schrecken für den Kaufmann! Er klagte und jammerte und wußte sich gar nicht zu fassen.

Da sagte endlich der Sohn: »Lieber Vater, es ist ja schon so mancher um ein Schiff betrogen worden, indem man fälschlich angegeben hat, es sei gescheitert. Weißt du was? Laß mich nach Italien reisen! Da kann ich mich an Ort und Stelle nach dem Schicksal unseres Schiffs erkundigen und will es schon herausbringen, wenn ein Betrug damit vorgegangen ist.« Dieser Vorschlag schien dem Vater gut, und er traf sogleich alle Einrichtungen und rüstete seinen Sohn aus, so daß er mit dem nächsten Schiff gleich abreisen konnte.

Nach kurzer Fahrt landete das Schiff unterwegs an einer Küste bei einer Stadt, in der man einige Einkäufe machen und Erfrischungen zu sich nehmen wollte. Während der Zeit war Karl ans Land gestiegen und hatte sich in ein Wirtshaus begeben, das dicht am Ufer lag, und sah hier dem Spiel der Wellen zu, wie sie sich hin und her trieben und eine die andere verdrängte, und konnte sich nicht satt daran sehen.

Endlich war das Schiff wieder vollständig ausgerüstet, der Wind war günstig, man lichtete die Anker, zog die Segel auf, und nun ging's lustig fort in das weite, wogende Meer hinein.

Ohne einen Zwischenfall kam Karl sodann an der Küste von Italien an, landete in der Hauptstadt des Königreichs und nahm sich eine Wohnung in einem schönen Gasthofe, der mitten in der Stadt lag. Von seinem Fenster aus konnte er hier in vier lange Straßen hineinsehen. Da hörte er eines Tags einen gewaltigen Lärm und ein Geschrei auf der Straße, daß er schnell ans Fenster sprang und hinaussah. Da waren unten eine Menge Männer und Weiber und Kinder versammelt und sahen zu, wie eine zusammengerollte Kuhhaut durch die Straßen geschleift wurde.

»Was soll das bedeuten?« fragte Karl den Wirt. »Das ist ein Kaufmann«, sagte dieser, »der hat Bankrott gemacht, und ein solcher wird nach dem Gesetze aufgehängt und seine Leiche dann in eine Kuhhaut genäht und in der ganzen Stadt herumgeschleift, dann auf das Feld geworfen und den Vögeln zum Fraße preisgegeben.«

Da bedauerte Karl den armen Mann und fragte den Wirt, ob denn niemand die Leiche beerdigen dürfe. »O ja«, sagte der Wirt, »wer den dritten Teil der ganzen Schuld bezahlen will, der darf es tun.« Darauf erkundigte sich Karl nach der Größe der Schuld, und als er sah, daß sein Geld hinreichend sei, so ging er zum Richter und bezahlte den dritten Schuldteil und erhielt dafür die Leiche, der er nun ein ehrliches Begräbnis zukommen ließ.

Von dem Schiffe seines Vaters konnte er aber gar nichts erfahren, deshalb reiste er bald wieder nach England zurück. Nach einer glücklichen Fahrt landete das Schiff endlich an derselben Küste und in demselben Hafen, wo es auch bei der Hinreise sich eine Weile aufgehalten hatte. Karl begab sich wieder in das Wirtshaus, wo er eine so schöne Aussicht auf das Meer hatte. Da sah er alsbald ein kleines Schiff anfahren, aus dem stiegen zwei Männer und zwei Mädchen heraus und kamen in dasselbe Wirtshaus, in welchem Karl sich aufhielt.

Nachdem sie sich die Tageszeit geboten und einander ausgefragt hatten, wo sie hergekommen und wo sie hinwollten, fingen sie an zu spielen, und da hatte Karl so großes Glück, daß er ihnen alles Geld, was sie bei sich hatten, abgewann. Darauf sagten jene: »Jetzt kauf uns auch die zwei Frauenzimmer ab, daß wir nur weiterkommen können!« Das tat Karl sogleich und gab ihnen, was sie forderten, denn er merkte wohl, daß die Männer Seeräuber waren und die armen hübschen Mädchen irgendwo mit Gewalt weggenommen hatten. Dann reiste er vergnügt mit ihnen weiter und brachte sie in das Haus seines Vaters.

Der Vater machte ein bitterböses Gesicht, als Karl mit den zwei Mädchen ankam, und weil Karl bestimmt erklärte, daß er die Mädchen niemals verlassen werde, so verwies der Vater sie alle miteinander aus seinem Hause. Da kaufte Karl sich einen kleinen Kaufladen und richtete ein eigenes Handelsgeschäft ein, und die beiden Mädchen, die Schwestern waren, halfen ihm dabei. Die Jüngste besorgte den Haushalt, und die Älteste und Schönste wurde Ladenjungfer, und alle beide waren so sparsam und fleißig und sorgten so gut für ihren Herrn, daß er schon nach wenigen Jahren seinen Kaufladen bezahlen konnte und ein schuldenfreies Haus hatte. Als Karls Vater dies erfuhr und hörte, wie jedermann die beiden Mädchen so sehr lobte, da gedachte er, sich selbst davon zu überzeugen, und verkleidete sich und ging eines Morgens, als sein Sohn gerade ausgegangen war, in den Laden, um ein Stück Tuch zu kaufen. Die Ladenjungfer legte ihm allerlei Proben vor; allein er handelte so genau und das Mädchen, das ihn nicht kannte, hielt dagegen so fest an dem geforderten Preis, indem sie sagte, sie dürfe ohne den Willen ihres Herrn das Tuch nicht billiger hergeben, daß der Mann, ohne es zu kaufen, wieder fortging. Für sich aber dachte er: »Das muß doch ein ordentliches Mädchen sein; die ist gehörig auf den Vorteil meines Sohnes bedacht.« Und dann nahm er sich vor, daß er sich mit seinem Sohne wieder aussöhnen und ihn wieder unterstützen wolle, ließ ihn deshalb zu sich rufen und sagte zu ihm: »Es ist nicht länger gut, daß du so allein und ledig dein Geschäft führst. Nimm dir eine Frau, und ich will dir Geld geben, daß du deinen Handel größer und freier einrichten kannst!«

»Wenn ich einmal heiraten werde«, sagte Karl, »so nehme ich aber keine andere als eine von den beiden Mädchen, die ich gekauft habe.«

»Nun, wie du willst«, sagte der Vater. »Ich glaube, daß es sehr ordentliche Mädchen sind. Und wenn sie auch kein Geld haben, so magst du doch immerhin eine von ihnen heiraten; ich habe nichts mehr dagegen.« Da ging Karl vergnügt heim und sagte den beiden Mädchen alles, was er mit dem Vater gesprochen hatte, worüber ihnen das rote Blut schier in die Wangen schoß, daß sie wunderlieblich anzusehen waren. Karl sagte aber weiter: »Ich habe euch alle beide so lieb, daß ich nicht weiß, welcher von beiden ich den Vorzug geben könnte. Ich will deshalb das Los befragen; das wird mir wohl anzeigen, welche von euch der Himmel mir zur Frau bestimmt hat.« Die Mädchen waren damit zufrieden, und so zog Karl das Los und zog sich die Älteste und Schönste, die alsbald auch seine liebe Frau wurde.

Nachdem sie mehrere Jahre glücklich miteinander gelebt hatten, erhielten sie eines Tags Nachricht aus Italien, der König habe bekanntmachen lassen, daß wer seine beiden Töchter, die ihm von Seeräubern geraubt worden, ihm wieder zuführen könne, der solle König von Italien werden. Da dachte die Frau: »Es ist doch besser, Königin von Italien zu sein als eine Kaufmannsfrau«, und als ihr Mann nach Hause kam, entdeckte sie ihm, wer sie und ihre Schwester eigentlich seien, und bat ihn dann, daß er doch sein Hab und Gut verkaufen und sie nach Italien zu ihrem Vater zurückbringen und dort König werden möge. Ja, dazu hatte Karl wohl Lust, verkaufte sein Haus, nahm Abschied von Vater und Mutter und segelte mit seiner Frau und ihrer Schwester vergnügt wieder ins Meer hinaus, um König von Italien zu werden.

Unterwegs wollten sie an derselben Küste, wo Karl die beiden Prinzessinnen den Seeräubern abgekauft hatte, landen und sprachen eben miteinander von jener Zeit, als sie von der anderen Seite her zwei große Schiffe ans Land fahren sahen.

»Ach, das sind ja italienische Schiffe!« rief die jüngste Schwester. »Und ich glaube«, sagte die andere, »ich sehe italienische Soldaten darauf.« Deshalb warteten sie, bis die Leute ausstiegen. Aber wie erschrak die junge Frau, als unter den Soldaten, die aus dem Schiffe kamen, plötzlich ein italienischer Prinz erschien und vor ihr stand. Sie kannte den Prinzen recht gut, denn es war eben der, der schon lange gewünscht hatte, sie zu heiraten. Seit sie aber von den Seeräubern entführt war, hatte er sich mit zwei Schiffen aufs Meer begeben und kreuzte hin und her, um sie aufzusuchen, und wollte nicht von ihr ablassen, weil er sie so sehr lieb hatte. Als er nun seine Geliebte wieder vor sich sah und den Mann an ihrer Seite, sprach er ganz heftig: »Wer ist der Mensch da?«, denn er hielt ihn für den Räuber. »Der ist mein Gemahl!« sagte sie.

»So? Der ist dein Gemahl?« rief der Prinz zornig und gab sogleich Befehl, daß die Soldaten den Mann totschießen sollten. Da fielen ihm aber die beiden Schwestern zu Füßen und baten ihn so dringend, ihren Freund doch nicht zu erschießen, daß der Prinz für den Augenblick nachgab. Alsbald aber ließ er ihn auf ein Brett binden und das Brett ins Meer werfen, daß die Wellen es forttrieben. Dann führte er die beiden Prinzessinnen in dasselbe Wirtshaus, wo Karl sie von den Seeräubern losgekauft hatte. Da stellten sie sich ans Fenster und blickten auf das Meer hinaus und sahen alsbald, wie die Wellen ihren Retter auf und ab trieben und fingen bitterlich an zu weinen, weil sie ihm gar nicht helfen konnten. Das ärgerte aber den Prinzen, und er hieß sie von dem Fenster weggehen und sprach: »Wenn euer Leben euch lieb ist, so schwört mir hier auf der Stelle, daß ihr daheim eurem Vater sagen wollet, ich hätte euch von den Seeräubern erlöst. Und sagt nur kein Wort von dem Menschen da!«

Die Prinzessinnen aber waren so bestürzt, daß sie zu allem ja sagten, wozu er sie zwang. Dann fuhren sie miteinander zu ihrem Vater zurück. Der war überaus glücklich, als er seine Kinder wiedersah, und machte sogleich Anstalt, die älteste Tochter mit dem Prinzen zu vermählen und ihm das ganze Reich zu übergeben.

»Was ist denn aber aus Karl geworden?« fragst du mich. Gib acht! Ich will dir's genau erzählen: Er wurde erst noch eine lange Zeit von den nassen Wellen hin und her geworfen und konnte nicht sterben, weil er nicht untersank. Endlich aber kam ein großer Vogel auf ihn zugeflogen, trieb das Brett ans Ufer auf eine Sandbank, hackte dann mit seinem Schnabel die Stricke entzwei und sprach zu Karl: »Ich bin der Geist des Kaufmanns, den du einst hast begraben lassen. Zum Dank für diese Wohltat will ich dir nun wieder helfen. Geh nach Italien in die Stadt, woselbst mein Grabmal ist! Dort gib dich für einen Maler aus, und man wird dich alsbald in das königliche Schloß bestellen und dir ein Zimmer zum Bemalen übergeben. Dann mußt du aber niemanden bei dir dulden, mußt die Tür verschließen und den Oberflügel des Fensters aufmachen. Für das Weitere will ich dann schon sorgen.« Nachdem der Vogel dies gesagt hatte, flog er fort.

Nun benutzte Karl die erste Gelegenheit, um nach der Hauptstadt des Königs zu fahren, und kam glücklich dort an. Da war ein großer Jubel in der Stadt, denn überall sprach man von der Vermählungsfeier des Prinzen mit der Prinzessin, und die ganze Stadt sollte festlich geschmückt werden.

Als Karl ins Wirtshaus trat, fragte ihn der Wirt, wo er herkomme. »Ich komme aus England und bin ein Maler.« »Ei«, sagte der Wirt, »da kommt Ihr ja gerade recht, denn unser Hofmaler sucht schon seit einigen Tagen einen Gehilfen, der ihm einige Zimmer im Schlosse bemalen helfen soll.« Und sogleich schickte der Wirt zu dem Hofmaler und ließ ihm melden, daß ein fremder Maler bei ihm angekommen sei. Darüber war der Hofmaler sehr froh und kam auf der Stelle selbst und nahm ihn mit in das Schloß.

Nun wünschte aber Karl, daß er allein ein Zimmer erhalte, wo er malen solle, was der andere gern zugab und ihn allein ließ. Darauf schloß Karl die Tür zu, öffnete den oberen Flügel des Fensters und sah hinaus in die Luft und guckte und guckte, daß ihm Zeit und Weile lang wurde und er sich gar nicht mehr zu helfen wußte; denn der Geist des Kaufmanns ließ sich nirgends sehen. Endlich kam der Vogel angeflogen und hielt einen Degen im Schnabel, setzte sich in das offene Fenster und sagte: »Nimm den Degen und hau mir den Kopf ab!« Karl aber sagte: »Ach nein, das kann ich nicht!«

»Wenn du das nicht tust«, sagte der Vogel, »so kann ich dir auch nicht helfen.« Da nahm Karl den Degen und hieb dem Vogel den Kopf herunter. Da fiel der Kopf ins Zimmer, der Rumpf aber flog fort, und mit einem Male stand der Geist des gehängten Kaufmanns vor Karl, worüber er so erschrak, daß er ohnmächtig wurde und bewußtlos zu Boden fiel.

Nachdem er auf die Art eine lange Zeit in tiefem Schlafe gelegen hatte, klopfte jemand an der Tür. Davon wachte Karl auf und sah, daß das ganze Zimmer bemalt war. An der Decke war das Firmament dargestellt, Sonne, Mond und Sterne, an den Seiten aber sein eigener Lebenslauf, von seiner ersten Reise nach Italien an bis zu dieser zweiten. Darauf öffnete er die Tür, um zu sehen, wer geklopft hatte; es war der König, der mit seinen beiden Töchtern die Malerei besehen wollte. Kaum aber waren sie hereingetreten, als die älteste Tochter ihn erkannte und rief: »Um Gottes willen, lieber Mann, wie bist du hierher gekommen?« Da erzählte er alles, was ihm begegnet war, und seine Frau erzählte ihrem Vater nun, wie dieser Mann sie von den Seeräubern losgekauft und wie sie schon seit mehreren Jahren seine Frau geworden sei, wie sie dann auf ihrer jetzigen Heimreise mit dem Prinzen zusammengetroffen sei; der habe ihren Mann erst töten lassen wollen und endlich auf ein Brett gebunden und ins Meer geworfen; sie aber und ihre Schwester hätten ihm schwören müssen zu sagen, daß er sie erlöst habe. Darauf sagte der König zu Karl: »Halt dich ganz ruhig in dem Gasthofe bis zu dem Tage, wo die Vermählung meiner Tochter sein soll! Du mußt auf jeden Fall dabeisein.« Und schon nach einigen Tagen wurde Karl zu einem großen Gastmahle geladen, welches der König vor der Hochzeit geben wollte. Da kamen viel vornehme Gäste in dem Saale zusammen, den Karl bemalt hatte, und aßen und tranken und bewunderten die schöne Malerei an der Decke und an den Seitenwänden. Und endlich stand der König auf und sagte: »Wer mir erklären kann, was die Bilder da bedeuten, der soll König von Italien werden.« Da gaben sich alle große Mühe und studierten, besonders der Prinz; allein er mochte sich besinnen, soviel er wollte, so konnte er doch nicht herausfinden, was die Gemälde vorstellen sollten.

Da erhob sich endlich Karl, nahm einen kleinen Stock in die Hand und deutete auf die Bilder und sprach: »Das da oben ist das ganze Firmament: Sonne, Mond und Gestirne. Das Bild da an der Seite stellt einen englischen Kaufmannssohn dar. Hier tritt er seine erste Seereise nach Italien an. Hier landet er unterwegs in einer Hafenstadt. Hier fährt er in die Hauptstadt des Königs von Italien ein. Hier kauft er einen Kaufmann los, den man erhängt und in eine Kuhhaut genäht hatte. Hier läßt er den Kaufmann begraben. Hier tritt er seine Rückreise nach England an. Hier landet er unterwegs in der Hafenstadt. Hier spielt er mit zwei Seeräubern. Hier kauft er ihnen zwei junge Mädchen ab. Hier betritt er sein Vaterhaus. Hier verstößt ihn sein Vater mitsamt den beiden Mädchen. Hier verheiratet er sich mit dem einen Mädchen. Hier reist er mit seiner Frau und ihrer Schwester wieder nach Italien. Hier landen sie unterwegs und besuchen dasselbe Wirtshaus, wo er seine Frau losgekauft. Hier sind zwei italienische Schiffe gelandet. Hier wollen die Soldaten den Kaufmannssohn totschießen, während die beiden Frauenzimmer fußfällig für ihn bitten. Hier wird er, auf ein Brett geschnallt, ins Wasser geworfen. Hier kommt ein Vogel und löst ihm die Banden. Hier kommt er in der königlichen Hauptstadt an. Hier bemalt er im Schloß ein Zimmer. Hier sitzt er im königlichen Schloß bei der Vermählung seiner Frau, und dieser Kaufmannssohn – das bin ich!«

Kaum hatte er diese Worte ausgesprochen, so wurde der Prinz auf Befehl des Königs festgenommen und ins Gefängnis geworfen und zum Tode verurteilt. Karl aber feierte jetzt zum zweiten Male seine Vermählung; da ging's erst recht fröhlich her, das kannst du glauben, und dann ist er König von Italien geworden.

Märchen aus Schwaben

Der reuige Fischer

Einst lebten ein junger Fischer und seine Frau in Glück und Zufriedenheit an einem großen See. Sie hatten sich am Ufer eine schöne Hütte gebaut, und jeden Tag brachte der Mann viele Fische nach Hause, die seine junge Frau dann in der Stadt verkaufte. Bald galten sie im Dorf als reiche Leute, und viele beneideten sie um ihr Glück. In dem Dorf lebte damals auch ein junger Schuster, der lieber in der Schenke saß, als daß er zur Arbeit ging. Und der besonders war dem Fischer von Herzen gram, weil er nicht vergessen konnte, daß dessen Frau, die er selbst einmal gern geheiratet hätte, den anderen ihm vorgezogen hatte.

Einmal trafen sich die beiden, der Fischer und der Schuster, in der Schenke und erzählten einander bei einem Glas Wein ihre Erlebnisse. Da fragte der Schuster beiläufig: »Ist deine Frau wieder in der Stadt?«

»Ja«, antwortete der Fischer, »warum fragst du?«

»Nun«, meinte der Schuster, »wenn sie meine Frau wäre, so ließe ich sie nicht so oft in die Stadt. Mein lieber Freund, ich weiß, was ich weiß!«

Der Fischer sah den Schuster höhnisch lächeln und fragte: »Was willst du damit sagen? Was weißt du über meine Frau?«

»Hm«, machte der Schuster und wiegte den Kopf, »man sagt nicht zu Unrecht, daß Weibertreu' des Teufels Kruzifix sei! Neulich sah ich deine Frau in der Stadt mit einem jungen Herrn in ein Wirtshaus gehen … Nun, es war nichts, ich sah nichts, ich will nichts mehr sagen!«

Dem Fischer war das, was er gehört hatte, schon genug. Er drang nicht weiter in den Schuster, sondern stand auf und verließ die Schenke. Als er nach Hause kam, legte er sich zu Bett, ohne ein Wort zu seiner Frau zu sprechen. Erst am nächsten Morgen erzählte er ihr, was er über sie gehört hatte. Da sie alles leugnete und er ihr nicht glauben wollte, schlug er sie heftig, und so machte er es jedesmal, wenn er mit ihr allein war. Einmal, als er sie gerade wieder grausam geschlagen hatte, rief sie: »Nun weiß ich, was ich zu tun habe!« und lief aus der Stube hinaus. Der Fischer kehrte sich nicht an ihre Worte und ging ihr nicht nach. Als er nach einer Weile vor die Haustüre trat, sah er am Ufer des Sees viele Leute stehen. Er ging zu ihnen und fragte sie nach dem Grund. Da trat eine alte Frau zu ihm und sprach: »Ihr wißt es also nicht und könnt es Euch auch nicht denken? So hört denn: Eure Frau ist in den See gesprungen und spurlos darin verschwunden!« Gleichgültig erwiderte der Fischer: »Was kümmert's mich? Eine treulose Frau verdient den Tod! Ich hätte sie ohnehin bald davongejagt.« Darauf lud ihn die Alte ein, mit ihr in ihre Hütte zu gehen: »Ich will Euch dort etwas zeigen.«

In ihrer Hütte holte die alte Frau aus einem Schrank einen runden Spiegel hervor und ließ den Fischer hineinblicken. Da sah er darin, wie seine Frau in einem Wirtshaus einem jungen Herrn Fische verkaufte. »Weiter ist nichts geschehen«, sagte die Alte.

Der Fischer begann nun zu jammern und zu klagen und verwünschte sich wegen seiner Kleingläubigkeit. Bald wollte er sich selbst das Leben nehmen, bald den lügnerischen Schuster töten, er wußte nicht mehr aus noch ein vor Verzweiflung. »Den Schuster werdet Ihr nicht mehr sehen«, erklärte die Alte. »Als er von dem Unglück hörte, hat er das Dorf verlassen und ist auf und davon.« Der Fischer kehrte in seine Hütte zurück, doch hielt er es zu Hause nicht lange aus und ging in die Schenke, aber auch dort fand er keine Ruhe und ging schließlich zum See hinunter.

Als er am Seeufer stand und in das stille Wasser sah, dachte er bei sich: »Ich habe meine Frau in den Tod getrieben, am besten wäre es, wenn ich mir auch das Leben nähme.« Und er sprang in den See.

Tiefer und tiefer sank er im Wasser hinab und kam bald auf den Grund, wo ein alter Mann mit feurigem Bart ihn auffing und ihn in ein gläsernes Haus führte. Dort sprach der Alte zu ihm: »Ich habe bewirkt, daß du nicht ertrunken, sondern hier bei mir bist.« Der Fischer erwiderte: »Wer hat dir aufgetragen, mich vom Tode zu erretten? Ich will sterben, denn ich habe meine Frau in den Tod getrieben.«

»Das weiß ich sehr wohl«, entgegnete der Alte, »und eben deshalb will ich, daß du leben sollst. Ich bin der König der Prikulic* und werde dir deine Frau zurückgeben, wenn du mir versprichst, jedes Jahr einen goldenen Ring in den See zu werfen.«

Den Fischer machten die Worte des Alten so froh wie lange nichts mehr. Er versprach, ihm jedes Jahr einen goldenen Ring in den See zu werfen, worauf der Prikulic ihn in ein Zimmer führte, in dem unzählige schwarze Gefäße standen. »In diesen Gefäßen«, so sprach er, »befinden sich die Seelen der Menschen, die sich im See ertränkt haben, und in diesem Gefäß hier ist die Seele deiner Frau.« Er schlug mit seinem langen Stock dreimal an die Wand, und die tote Frau des Fischers erschien vor ihnen. Darauf öffnete der Alte das Gefäß, in dem die Seele der Toten gefangen war, und hielt es ihr an den Mund. Die Seele schlüpfte zurück in den Körper, und alsbald war die junge Frau wieder

* Prikulic (Prikulitsch) sind in Höhlen, Sümpfen oder im Wasser lebende Geister.

lebendig und weinte vor Freude. Nun geleitete der Alte die Eheleute hinauf zum Seeufer und verschwand, noch ehe sie ihm hatten danken können. Der Fischer lebte seitdem in größter Eintracht mit seiner Frau. Er hatte sie noch einmal so lieb wie früher und warf jedes Jahr einen goldenen Ring in den See.

Märchen der transsilvanischen Zigeuner

Eine Geschichte von der Insel Tarama

Vor langer Zeit lebten auf Tarama zwei Edelleute, der *aji* Minema und der *aji* Uputatemine. Diese zwei Herren sollen im 14. oder 15. Jahrhundert gelebt haben, und ihre Namen sind in der Geschichte der Insel Tarama aufgezeichnet. Die beiden *aji* hatten eines Tages Geschäfte auf einer anderen Insel, vielleicht erforderte eine Versammlung der Großen des Landes ihre Anwesenheit. Sie schifften sich ein und begannen guten Mutes ihre Seereise. Sie waren aber noch nicht lange gereist, da fiel einer der gefürchteten Herbststürme über sie her; ihr Fahrzeug wurde auf ein Korallenriff gewirbelt, leck geschlagen und verschwand mit Mann und Maus in den Wellen.

Auch Minema und Uputatemine versanken in die Tiefe, aber wieso, das vermochte später niemand zu erklären, sie mußten nicht ertrinken. Das Wasser erstickte sie nicht, sie konnten frei Atem schöpfen. Lange Zeit glitten sie durch das blaue Meer, Fischschwärme zogen an ihnen vorüber, Korallenhaine winkten ihnen, und Seegräser wiegten sich wie in sanftem Wind. Allmählich kamen sie auf den Grund des Ozeans, und mit einem Male sahen sie ein prächtiges Schloß durch die Wasser schimmern. Aus Korallengestein waren seine Mauern gebaut, und sie leuchteten in mildem Rosa. Große, glänzende Muscheln, wie man sie nur selten am Strand findet, deckten die Dächer, und die Portale und Fenster waren von großen Perlen umrahmt.

»Sieh dort, das muß das Schloß des Drachenkönigs sein. Laß uns hingehen und ihn bitten, uns die Heimreise auf unsere Insel zu erlauben!« sprach Uputatemine. Die beiden Edelleute schwammen auf das Hauptportal zu, zwei Schwertfische, die Wache standen, grüßten schneidig, und sie begehrten Einlaß. Ein kleiner Seestern trug die Botschaft nach drinnen, es dauerte gar nicht lange, und das große Tor tat sich auf. Eine wunderschöne Frau trat hervor. Der *aji* Minema schrie auf, vor ihm stand seine jüngere Schwester! Das Fräulein war schon vor Monaten auf einer Seereise verschollen, und niemand wußte, was mit ihrem Schiff geschehen war. Die Geschwister fielen sich in die Arme, und fast hätten sie in ihrer Freude vergessen, wo sie eigentlich waren.

Die Edeldame aber besann sich, sie bat die Herren einzutreten, führte sie in herrliche Gemächer und bewirtete sie mit köstlichen Speisen. Sie erzählte, wie sie die Frau des Drachenkönigs geworden war und nun über Herz und Schätze dieses mächtigen Herrschers gebiete. »Und, liebe Herren«, fuhr sie fort, »ich glaube, mein Gemahl wird bald heimkommen. Er ist fort, um die Zahl der Ertrunkenen in eurem Schiff zu überprüfen. Heute morgen hat er mir gesagt, daß zwei fehlen. Da meine ich, es wäre besser, euch vorerst einmal zu verbergen.«

Die Herrin vom Drachenschloß führte die Männer in eine kleine Seitenkammer und hieß sie, sich hinter abgestellten Gerätschaften zu verstecken. Sie selber kehrte in ihr Gemach zurück und wartete auf den Drachenkönig.

Es dauerte gar nicht lange, da kam dieser heim, und er ging sofort zu seiner Gemahlin, um sich zu zerstreuen. Er hatte gerade die Schwelle zu ihrer Wohnung überschritten, als er prüfend die Luft durch die Nase zog und brummte: »Mir scheint, hier riecht es nach Menschen!« Und neugierig kroch der Mächtige in allen Ecken herum und suchte nach Menschenkindern.

Die Gattin wußte sich jedoch zu helfen: »Aber mein Gemahl, was denkt Ihr nur! Ihr wißt doch, daß ich noch gar nicht lange bei Euch hier bin! Mein Körper wird noch Spuren seines irdischen Lebens aufweisen, die wittert Ihr nun.«

Der Drachenkönig gab nach kurzem Nachdenken seiner Frau recht. Die kluge Dame tat ein Weiteres, sie ließ Wein kommen, auch Tänzerinnen befahl sie herbei. Der Reigen der Nixen war ganz wunderhübsch, und sie selber spielte auf ihrer goldenen Harfe. Der Herr der Meere geriet in friedliche Stimmung, seine Gemahlin kraulte ihm auch noch den Kopf, was er ganz besonders schätzte, und als der Gewaltige ganz sanft geworden war, faßte sie sich ein Herz und sprach: »Mein Gebieter, es ist wahr, Menschen sind hier; auf dem gesunkenen Schiff waren auch mein Bruder und sein Freund, und die beiden haben mich nun besucht.« Sie erzählte, wie die Schiffbrüchigen zu ihr gekommen waren, und sie bat ganz herzlich: »Macht, o König, diesmal eine Ausnahme, schenkt den beiden das Leben und sendet sie in die Heimat zurück. Solche Großmut ziert Euch, und ich werde Euch ewig dankbar sein!«

Der Drachenkönig war wirklich gut aufgelegt, er befahl, daß man die Edelleute aus ihrem Versteck hole und vor ihn bringe. Sie erschienen, der König nötigte sie zum Sitzen, er rief nach Wein und Leckereien, und dann sprach er: »Ihr Herren, meine Frau da hat ganz herzlich für Euch gebeten, und sagt selber, wer kann wohl einer solchen Schönheit widerstehen? Ihr sollt frei sein und auf Eure Insel zurückkehren. Vorher aber wird tüchtig gegessen und getrunken, ich habe schließlich nicht oft Gäste Eurer Art. Später sucht Ihr Euch je nach Gefallen ein Andenken an uns hier aus, danach geht in Frieden!«

Es wurde geziemend getafelt, und als die Zeit des Abschieds gekommen war, durften sich die beiden *aji* ihr Andenken wünschen. Zur Auswahl standen ihnen reiche Schätze oder aber ein Lehrspruch. Der Herr Uputatemine wünschte sich Kostbarkeiten und erhielt ein ganzes Boot voll damit ; da waren mattschimmernde Perlen, rote Korallen und glänzendes Gold und Silber. Der Herr Minema, den die Schwester beraten hatte, bat um einen Lehrspruch. Und er erhielt folgende Maxime:

Bei Aufregung zügle deine Hände,
bei Gewißheit nur handle!

Ein jeder nahm sein Geschenk in Empfang, der Drachenkönig befahl einen Führer, und die beiden Edelleute kehrten wohlbehalten in ihre Heimat zurück.

Aji Minema ging sogleich zu seinem Anwesen, er wußte sein Haus in Sorge um sich. Unbemerkt betrat er seine Wohnung, und da mußte er sehen, daß im Eingang Männersandalen standen. In seiner Familie gab es nur einen Mann, und das war er selber. Mißtrauen erfaßte ihn. Er schlich sich leise ins Innere, er kam bis zum Schlafgemach, und er entdeckte, wie seine Frau in den Armen eines fremden Mannes lag. Heißer Zorn überfiel ihn, und er ergriff sein Schwert, um die Ungetreue zu züchtigen. Im allerletzten Augenblick jedoch fiel ihm der Lehrspruch ein, den ihm der Meereskönig mit auf den Weg gegeben hatte; er ließ sein Schwert sinken und rief den Namen seiner Frau. Da erhoben sich sogleich die beiden Schläfer, die junge Frau lächelte glücklich ihren heimgekehrten Gatten an; der andere aber, das war seine Mutter. In Männerkleidung hatte sie sich gehüllt, Männerschuhwerk an den Hauseingang gestellt und mit der jungen Frau zusammen im selben Gemach geruht. Niemand hatte gemerkt, daß der Hausherr abwesend war, und so hatte sie die Ehre des Hauses und die Gattin des Sohnes zu schützen gewußt. »Um ein Haar!« Herr Minema atmete tief auf. Er neigte sich vor seiner weisen Mutter, und ein Schauder erfaßte ihn, als er bedachte, was aus ihm und seinem Hause ohne die Lehre des Drachenkönigs geworden wäre. Aber sogleich durchzuckte es ihn: »Wie es wohl bei Uputatemine gegangen ist?«

Ohne Verzug eilte er zu dessen Wohnung. Im Garten schon lagen die Schätze des Drachenkönigs achtlos verstreut, und das ganze Anwesen war totenstill. Herr Minema betrat das Haus, da krümmte sich Uputatemine durchbohrt vom eigenen Schwert. Minema ging weiter, Uputatemines junge Frau war erschlagen, die alte Mutter des Hausherrn, auch sie in Männerkleidern wie die eigene Mutter, kauerte leblos über ihr, der kleine Knabe, der Sonnenschein der Familie, war zusammengesunken, und sogar der Hund, der Gefährte des Kindes, lebte nicht mehr. Minema stand und war sprachlos. Fast wollten ihn seine Beine nicht mehr tragen, und schweren Schrittes verließ er das Unglückshaus. Er hatte gut verstanden, was geschehen war: Der Freund war in sein Anwesen gekommen und hatte gemeint, ein Nebenbuhler habe seine Abwesenheit ausgenutzt. Und im ersten wilden Zorn hatte er alles, was lebte, umgebracht. Kein Lehrspruch hatte ihm die Hände gebunden und ihn ermahnt, nicht im Grimme zu handeln. Als ihm dann endlich die Augen darüber aufgegangen waren, was er angerichtet hatte, da blieb ihm nur noch, sich in sein Schwert zu stürzen. All die reichen Schätze hatten ihm nicht helfen können.

Minema dankte wieder und wieder dem Schicksal, das ihn vor solchem Schrecken bewahrt hatte. Er lebte seinem Lehrspruch getreu und war ein gütiger und besonnener Herr. Die Leute achteten und liebten ihn, und noch heute wohnt er als die Gottheit des Minema-Schreins in den Herzen der Bewohner von Tarama fort.

Märchen aus Japan

Der Schombadissel

Dies hat mir mein Großvater erzählt: Es waren einmal Eltern, die hatten nur einen Buben. Dann starb der Vater, und die Mutter entsetzte sich so sehr darüber, daß sie auch starb, da war der Schombadissel ein Waisenknabe. Er hatte nur noch einen Trost, seine Großmutter. Die nahm ihn, zog ihn auf, und zum Unterhalt für ihr Leben hatten sie eine Kuh. Die Milch verkauften sie in der Stadt. Die Großmutter stellte ihm die Kanne auf einen kleinen Wagen, und er fuhr auf den Markt, verkaufte die Milch dort und brachte der Großmutter das Geld heim.

Nun fuhr er wieder einmal in die Stadt. Wie er auf dem Markt war, kam ein Herr mit einem großen Hund zu ihm und fragte ihn, was die Milch koste, kaufte sie ihm ab und gab ihm mehr, als er heischte für die Milch, schüttete sie in einen Napf und gab sie dem Hund zu saufen. Dann fuhr er heim und gab seiner Großmutter das Geld. Sie zählte es und sagte: »Kind, du hast ja viel zuviel Geld!« Dann sagte er ihr, daß ein großer Herr gekommen sei, und er erzählte seiner Großmutter alles. Da sagte sie: »Nein, Kind, dies mußt du nicht mehr tun! Die Milch ist für die armen Kinder und nicht für den Hund.«

Das nächste Mal ging er wieder in die Stadt. Da kam der Herr wieder, und Schombadissel sagte ihm: »Die Großmutter hat gesagt, ich darf nicht mehr: Die Milch ist für die armen Leute und nicht für den Hund.«

»Wenn ich dir aber noch mehr Geld gebe, dann gibst du sie mir doch?«

»Nein, die Großmutter hat so gesagt, und Ihr bekommt sie nicht!« Da hatte der Herr eine solche Freude an dem Kleinen und fragte ihn aus, wie er heiße und wo er wohne, und der Schombadissel erzählte ihm alles und auch, daß sie von der Milch lebten. Da nahm der Herr die Milch und gab ihm das doppelte Geld dafür und teilte sie unter die armen Leute aus. Als der Schombadissel nach Hause kam, war die Großmutter sehr zufrieden, denn der Herr hatte gesagt, er solle ihm jeden Tag soviel Milch bringen.

Die Großmutter starb, als der Schombadissel ein Bub von ungefähr fünfzehn Jahren war. Dann molk er selbst die Milch und fuhr sie in die Stadt. Aber zwei, drei Tage nachdem die Großmutter gestorben war, war er nicht gefahren. Der Herr fragte ihn, warum er ausgeblieben sei. Er erzählte ihm, daß die Großmutter gestorben und daß er jetzt so allein sei, und er weinte.

Da sagte der Herr: »Weißt du was? Du verkaufst die Kuh und das Häuschen und kommst zu mir in die Stadt.« Dort war der Herr ein reicher Goldschmied. Und nun war der Schombadissel bei ihm, und der Herr hatte eine Tochter, die hieß Marie und war noch ganz jung. Und der Schombadissel war der Marie so gut, und das Kind hatte ihn so lieb, als wenn sie Geschwister gewesen wären.

Der Goldschmied hatte einen Gesellen, der war eifersüchtig gegen den Schombadissel und dachte: »Dich bekomme ich schon noch weg!« Eines schönen Tages kam eine reiche Dame und bestellte einen goldenen Ring mit Edelsteinen. Da wurde der Ring angefertigt und wurde in ein Schächtelchen gelegt. Dann ging der Herr für ein paar Tage auf Reisen. Der Geselle benutzte die Gelegenheit und versteckte den Ring in dem Schrank des Schombadissel. Nun kam der Herr heim, und die Dame kam und wollte den Ring abholen. Da war der Ring gestohlen! Was nun? Es konnte niemand anders sein als einer aus dem Hause! Der Geselle sagte: »Ich bin's nicht«, und der Schombadissel sagte: »Ich auch nicht.« Der Geselle sagte: »Ich lasse mir nichts nachsagen. Sucht meinen Schrank aus und auch den von dem Schombadissel.« Da fanden sie nichts in dem Schrank vom Gesellen. Wohl aber fanden sie den Ring in dem Schrank vom Schombadissel. Also war er der Dieb! Er verschwor sich, er habe es nicht getan, er habe ihn nicht hineingelegt. Es half nichts. Der Ring war bei ihm gefunden worden, und er galt als der Dieb. Da sagte der Goldschmied: »Anzeigen will ich dich nicht, aber fort mußt du!«

Und er nahm Abschied und ging fort, und das Mariele konnte gar nicht verstehen, daß der Schombadissel fort sollte, und sagte immer: »Vater, es ist nicht wahr, der Schombadissel ist es nicht gewesen.« Es nützte aber nichts, der Schombadissel mußte fort! Da ging er halt in die Fremde. Zuerst ging er noch nach Hause. Er hatte aber nichts mehr in der Heimat als den Friedhof. Er kniete am Grab der Großmutter nieder, betete und weinte. Die Großmutter hatte ihm schon so oft geholfen; sie sollte doch auch dieses Mal helfen. Darauf ging er, bis die Straßen sich kreuzten, band sich die Augen zu und sagte: »In der Richtung, wo ich hinausgehe, gehe ich fort, bis ich etwas finde.« Und dann ging er weiter, und als er ein Stück gegangen war, war er auf einem Weg, der in den Wald führte. Er ging in den Wald hinein und ging und ging, und der Wald nahm gar kein Ende. Da bekam er Hunger und Durst und setzte sich hin und weinte. Wie er da saß, kam ein Jäger und fragte, warum er so weine. Da erzählte er ihm seine ganze Geschichte und wie es ihm ergangen sei und daß er nun im Walde sei und an kein Ende komme. Darauf sagte der Jäger: »Komm mit mir! Du kannst bei mir schlafen, und ich will dir zu essen geben, und morgen zeige ich dir den Weg, damit du weiterkommst.« Da ging er mit in das Försterhaus zu der Frau. Und die Förstersleute hatten keine Kinder.

Der Förster sagte: »Schau, da bringe ich dir jemanden, damit du nicht allein bist. Richte dem Kind zu essen, und morgen kann es weiterreisen, aber heute nacht kann der Schombadissel da schlafen.« Nun aßen sie zu Nacht, er ging ins Bett und fühlte sich glücklich. In der Nacht sagte die Förstersfrau zu ihrem Mann: »Schau, das dünkt mir ein braver Bub zu sein. Wie wär's, wenn wir ihn bei uns behielten? Du bist schon alt, und ich bin immer so allein in dem großen Wald. Da hätten wir doch jemanden.« Der Mann sagte: »Ich habe auch so gedacht; wir behalten ihn.«

Es gingen ein paar Jahre herum, und den Goldschmied reute es, daß er den Schombadissel fortgejagt hatte, denn der Geselle lieferte ihm immerfort dumme Streiche. Und das Mariele weinte in einem fort und hatte Heimweh. Er ließ überall den Schombadissel suchen wegen der kleinen Marie. Die hatte so arges Heimweh!

Unter der Zeit war das Mariele herangewachsen und war eine große Mamsell geworden, und der Schombadissel war auch gewachsen und war ein feiner Herr geworden. Er wurde in dem Försterhaus behandelt wie das eigene Kind.

Der Goldschmied mußte alle Jahre einen großen Geldtransport machen, Bestellungen, die er hatte. Er tat das immer selbst. Dann ritt er mit seinen Wertsachen auf seinem Roß fort. Das wußte sein Geselle, daß er es jedes Jahr so tat. Da machte er sich auf den Weg in den Wald und lauerte ihm auf, um ihn zu bestehlen. Der Schombadissel hatte an dem Tag gerade eine Runde im Wald, weil er Jägerbursche war. Er hatte die Flinte bei sich, stand auf einem Felsen und schaute hinunter ins Tal. Da sah er, wie einer auf einem Roß geritten kam und wie ein anderer herausgesprungen kam aus dem Wald und ihn vom Roß herunterriß. Der schrie, aber der Schombadissel gab einen Schuß ab und sprang hinunter. Wie er hinunterkam, lief der andere fort; der Goldschmied aber lag auf dem Boden und war arg mißhandelt. Da sagte der Schombadissel: »Was macht Ihr denn da?« und redete ihn mit Namen an.

Der Goldschmied fragte: »Kennst du mich?« Da antwortete der Schombadissel: »Ja! Kennt Ihr mich denn nicht?«

Da sagte der Goldschmied: »Nein, wer bist du denn?« »Ich bin's, Schombadissel.« Dann war er stumm und konnte kein Wort mehr reden.

Der Goldschmied fragte: »Wo kommst du denn her?« Schombadissel erzählte ihm alles. Der Goldschmied sagte darauf: »Du gehst jetzt mit mir heim.« Aber der Schombadissel antwortete: »Nein, ich gehe nicht mit. Die zwei Förstersleute sind sehr alt und sind sehr gut gegen mich. Ich will Euch zum Walde hinausbegleiten, und dann gehe ich wieder heim.«

Am andern Tag erzählte der Vater dem Mariele, daß er den Schombadissel gefunden habe, und er erzählte alles: wie es ihm ergangen sei und daß ihn der Schombadissel gerettet habe. Da reisten sie gleich anderntags in das Försterhaus, der Goldschmied und das Mariele. Sie gingen zu den Förstersleuten und sagten, sie müßten ihnen den Schombadissel geben, da sei nichts zu machen! Die Förstersleute aber wehrten sich. Endlich kamen sie überein, daß die Förstersleute in die Stadt ziehen sollten. Dann zogen sie in die Stadt in ein Haus zusammen, der Schombadissel kam wieder zum Goldschmied und hat das Mariele geheiratet. Dann waren sie alle glücklich beieinander, alle fünf in einer Haushaltung.

Märchen aus Lothringen

Das Goldpantöffelchen

Ein König ging einst mit Gästen auf die Jagd. Während er dem Wild hinterhersetzte, entfernte er sich immer weiter von der Schar. Als schon die Nacht herabsinken wollte, blickte er sich um und stellte fest, daß ihm mit Ausnahme eines Grafen niemand von seinem Hof gefolgt war. Die beiden beschlossen, irgendwo Unterschlupf zu suchen, und der Zufall wollte es, daß sie inmitten der Wildnis auf eine Hütte stießen.

In der Hütte lebten ein Mann und seine Frau. Sie hatten eine anmutige Tochter, die dazu noch ein besonders munteres Gemüt besaß. Sogleich boten sie dem König und seinem Begleiter ein Lager an.

Im Haus waren kaum Vorräte vorhanden, und sie zerbrachen sich den Kopf, was sie dem König Feines auftischen könnten. Schließlich kochten sie ihm zwei Perlhühner.

Bei Tisch verteilte das Mädchen die Perlhühner, gab die Köpfe ihrem Vater, die Flügel ihrer Mutter, die Bruststücke dem König und seinem Begleiter und begnügte sich selbst mit den Beinchen. Als der junge Graf, der den König begleitete, dies sah, erhob er Einspruch:

»Die Perlhühner sind nicht gerecht verteilt, denn wir haben den größten Teil bekommen. Das darf nicht sein.«

Da erwiderte das Mädchen:

»Doch, mein Herr, denn seht, der Kopf ist für meinen Vater, weil er mein Vater und das Familienoberhaupt ist; die Flügel sind für meine Mutter, das zweite Oberhaupt des Hauses; die Brust ist für Euch, unsere Gäste. Und weil ich diejenige bin, die geschäftig im Haus hin und her läuft, sind die Beinchen für mich.«

Allen leuchtete die Erklärung ein, und sie machten sich an die Mahlzeit. Der Graf ließ die ganze Zeit über das Mädchen nicht aus den Augen, denn sie erschien ihm nicht nur ausgesprochen schön und munter, sondern auch überaus gewitzt.

Als sie sich nach dem Essen zum Schlafen niederlegten, gestand der junge Graf dem König:

»Das Mädchen gefällt mir so gut, daß mir scheint, ich habe mich verliebt. Wenn sie mich haben will, würde ich mich auf der Stelle mit ihr vermählen, denn ich suche keine Frau, die viele Güter hat, sondern eine, die mir gefällt, auch wenn sie nichts besitzt.«

Der König erwiderte:

»Also gut, morgen früh hältst du bei ihren Eltern um die Hand des Mädchens an.«

Dies tat der Graf am nächsten Tag, doch der Vater des Mädchens erklärte, seine Familie sei nicht würdig, ihm ihre Tochter zur Frau zu geben, denn sie seien keine Adligen, sondern nur arme Handwerksleute. Der junge Graf bestand darauf, das Mädchen selbst zu fragen. Wenn sie ja sage, wolle er sie heiraten, ohne Ansehen ihres Standes. Sie riefen das Mädchen herbei und erzählten ihr, daß der Graf um ihre Hand anhalte, und sie willigte ein. Nur ein paar Tage später wurde Hochzeit gefeiert.

Die Zeit verging, und eines Tages erkundigte sich der König im Schloß bei dem jungen Grafen nach dessen Frau, denn seit dem Hochzeitstag hatte er die beiden nicht mehr gesehen, und nun war er neugierig. Der Graf schwärmte:

»Selbst wenn ich tausendmal um die Welt gereist wäre, niemals hätte ich eine Frau finden können, die besser, schöner, aufgeweckter, treuer und zärtlicher wäre.«

Das hörte einer der königlichen Minister, der daraufhin laut bemerkte, damit ein jeder es vernehmen konnte:

»Das glaube ich nicht, es ist doch allseits bekannt, daß den Frauen der Teufel im Leib steckt.«

Da rief der junge Graf:

»Meiner Frau soll der Teufel im Leib stecken? Eine tugendhaftere und bessere Frau findet man auf der ganzen Welt nicht!«

»Aha!« gab der Minister zurück. »Glaubst du? Meinen Kopf wette ich, daß sie nicht so ehrbar ist, wie du meinst.«

»Die Wette gilt!« schrie der Graf erzürnt.

»Und der König ist unser Zeuge«, sagte der Minister.

Sie einigten sich darauf, daß der Graf acht Tage lang von zu Hause fernbleiben solle. Währenddessen wollte der Minister versuchen, die Frau zu verführen. Der Graf blieb derweil im Palast des Königs, um die acht Tage dort abzuwarten.

Der Minister machte sich zum Anwesen des Grafen auf und verlangte die Dame des Hauses zu sprechen, aber die schickte das Hausmädchen mit der Anweisung an die Tür, sie wolle niemanden sehen oder sprechen, solange ihr Mann außer Haus sei. Der Minister blieb hartnäckig, doch an einem Tag sagte man ihm, die Herrin sei ausgegangen, an einem anderen war sie wiederum verreist oder konnte ihn nicht empfangen. Die Tage vergingen, und der Minister verzweifelte langsam, weil er keinen Weg sah, zu ihr vorzudringen, denn sie ließ ihn einfach nicht zu sich.

Er zermarterte sich das Gehirn, was er vor Ablauf der acht Tage tun könne, um seinen Kopf nicht zu verlieren, und da kam ihm der Gedanke, die Zofe der Gräfin zu besuchen. Er versprach ihr drei Säckchen Gold, wenn sie ihm drei geheime Merkmale oder Habseligkeiten der Gräfin anvertraue. Die Zofe willigte ein. Als sie am nächsten Tag die Gräfin ankleidete, ließ diese ihre Ringe auf dem Waschtisch zurück, und die Zofe nahm sich den hübschesten, den ihr der Graf geschenkt hatte. Beim Kämmen schnitt sie ihr heimlich eine Locke ab und merkte sich außerdem, daß ihre Herrin auf der rechten Brust ein Muttermal besaß. Und sogleich eilte die Zofe damit zum Minister und vertraute ihm die drei Geheimnisse der Gräfin an.

Rundum zufrieden machte sich der Minister zum Palast auf und rief den König, den Grafen und weitere Zeugen zusammen. Da es bereits der achte Tag war, fragte ihn der König:

»Was ist geschehen, daß du bis heute nicht gekommen bist?«

Der Minister antwortete:

»Ich hätte schon früher kommen können, aber ich wollte die Zeit bis zur letzten Minute auskosten.«

Da drohte der Graf, ihn auf der Stelle umzubringen, denn er glaubte ihm nicht. Doch der Minister entgegnete:

»Du glaubst es nicht? Dann schau dir diesen Ring an und sage mir, ob du ihn kennst.« Er zeigte ihm den Ring. »Und was ist mit diesem Haar hier?« Er zeigte ihm die Locke. »Und hat deine Frau nicht ein Muttermal auf der rechten Brust?«

Niedergeschmettert erkannte der Graf die drei Merkmale. Da sprach der König: »Ein Gerichtsdiener soll den Grafen festnehmen, und binnen dreier Tage soll ihm der Kopf abgehauen werden.«

Man sperrte den Grafen in eine Kapelle, wo er bis zu seiner Enthauptung warten sollte. Da dem Gefangenen ein Wunsch offenstand, bat der Graf, einen Brief an seine Frau schreiben zu dürfen. Darin erklärte er ihr, was vorgefallen war, und fragte sie, ob es stimme, daß sie mit dem Minister zusammengelegen habe, denn das wolle er einfach nicht glauben und habe seinen Kopf darauf verwettet.

Die Gräfin begriff sogleich die Lage, und ohne Zeit zu verlieren, ging sie zu einem Goldschmied und trug ihm auf, ihr binnen vierundzwanzig Stunden ein Goldpantöffelchen anzufertigen.

Der Goldschmied faßte sich an den Kopf und rief:

»Ein Goldpantöffelchen an einem Tag! Das ist unmöglich!«

»Aber es muß nun einmal an einem Tag geschehen. Wo ein Wille ist, ist auch ein Weg.«

»Nun gut«, seufzte der Goldschmied, »aber Ihr müßt mir das Doppelte seines Werts bezahlen.«

Die Gräfin erklärte sich einverstanden, ging zu einer Schneiderin und gab eine Tunika aus dunkelviolettem Samt in Auftrag. Diese lehnte ebenfalls zunächst ab, aber auch sie ließ sich überreden, das Gewand rasch anzufertigen, weil die Gräfin ihr das Doppelte seines Werts bezahlte. Am folgenden Tag zog die Gräfin die Tunika an, legte das Pantöffelchen auf ein Tablett, begab sich zu den Palasttoren des Königs und begann, laut zu schreien, so daß ihre Rufe bis in den Palast vordrangen:

»Ich verlange vom Himmel Gerechtigkeit, da ich sie auf Erden nicht finden kann!«

Das schrie sie ein ums andere Mal, bis es dem König zu Ohren kam. Dieser empörte sich:

»Wer ruft denn derlei Unsinn! Ich bin ein König, der alle gleich und gerecht behandelt, und ich lasse mir die Gerechtigkeit nicht abkaufen.« Und er fügte hinzu:

»Bringt dieses Weib unverzüglich zu mir!«

Als die Gräfin vor dem König stand, fragte sie dieser:

»Was hat es damit auf sich, was Ihr da überall herausposaunt?«

»Daß ich auf Erden keine Gerechtigkeit finde und sie vom Himmel verlange. Ein Mann hat mir ein Pantöffelchen wie das hier aus meinem Schlafzimmer entwendet, und dieser Mann ist …« Und sie nannte den Namen des Ministers.

Als der König dies hörte, sandte er nach dem Gerichtsdiener, er solle den Minister zu ihm bringen. Als dieser eintraf, wiederholte die Gräfin ihre Anschuldigung. Doch der Minister entrüstete sich:

»Was behauptet die Verrückte da! Ich habe die Frau mein Lebtag nicht gesehen!«

Da fragte die Gräfin:

»Ihr behauptet, mich nie zuvor gesehen zu haben, mich nicht zu kennen und mir auch nicht das Goldpantöffelchen gestohlen zu haben?«

Der Minister verneinte erneut, doch sie blieb immer noch hartnäckig:

»Schwört Ihr, daß Ihr mich nie zuvor gesehen habt und mich nicht kennt? Schwört Ihr es dreimal, ohne es zu widerrufen?«

Und der Minister antwortete:

»Ja, meine Dame, dreimal und so oft es nötig ist. Ich habe Euch nie im Leben gesehen und kenne Euch ganz und gar nicht.«

Da sprach die Gräfin zu ihm:

»Warum behauptet Ihr dann, mit mir geschlafen zu haben?«

Die Anwesenden waren verblüfft über diese Frage, und die Gräfin erklärte dem König:

»Mein Herr, laßt meinen Gatten herbeirufen, denn ich bin die Tochter der Handwerksleute, die Ihr auf der Jagd getroffen habt und mit der sich der Graf vermählt hat. Nun habt Ihr ihn schwören hören, daß ich meinem Mann nicht untreu gewesen bin.«

Der König und der ganze Hof waren voll Bewunderung für den Scharfsinn des Mädchens. Sie ließen den Grafen holen, der sogleich seine Frau in die Arme schloß. Dann schenkten sie dem Minister das Leben, aber der König verbannte ihn für immer von seinem Hof.

Märchen aus Spanien

Die kluge Königin

Zwei Bauern fuhren Holz nach der Stadt. Der eine hatte Pferde, der andere Ochsen vorgespannt. Als sie vor die Stadt kamen, fanden sie das Tor bereits verschlossen und mußten die Nacht über draußen bleiben. Sie lagerten sich hin, wie's eben gehen wollte, und schliefen ein.

Nun geschah es in der Nacht, daß ein Pferd ein Fohlen bekam; das Fohlen aber lief von der Mutter weg und legte sich zu dem Ochsen.

Als die Bauern am Morgen aufwachten, wunderten sie sich sehr über das Tierchen und fingen an, sich darum zu streiten. Der eine sagte, ihm gehörten die Pferde, und so gehöre ihm auch das Fohlchen. Der andere aber schrie, es liege doch bei seinen Ochsen, und folglich gehöre es ihm, und es sei noch nicht gesagt, daß nicht auch mal ein Ochs ein Fohlchen haben könnte. Sie stritten sich so fürchterlich, daß der Skandal bis vor den König kam, und der zerbrach sich nun den Kopf, wem er recht geben sollte. Zuletzt sagte er, da niemand wisse, wo das Fohlen so recht hingehöre, solle es der behalten, bei dem es gefunden sei! Und das war der Ochsenbauer.

Nun kann man sich denken, wie giftig der andre Bauer wurde; er ging auch ganz verzweifelt umher – und das noch um so mehr, als der König ihn schrecklich hatte durchprügeln lassen. Er konnte und konnte sich nicht beruhigen. Wie er noch so jammerte, kam die Königin vorbeigegangen und fragte ihn, was ihm fehle. Als er ihr alles gesagt hatte, befahl sie ihm, ein Netz zu nehmen und auf einen hohen Berg zu steigen und so zu tun, als wenn er dort Fische fing. Und das tat er auch.

Wie er noch so auf dem Berge stand, kam der König angefahren, ließ anhalten und sah ihm erst eine Weile zu. Dann rief er: »Du dwatscher Bauer, was willst du da eigentlich?«

»Fische fangen, König Majestät!«

»Na, doch nicht hier auf dem Berge, auf dem fliegenden Sand?«

»Warum nicht?« fragte der Bauer.

»Weil es doch ganz unmöglich ist, daß du hier Fische finden kannst!«

»König Majestät, warum sollte das unmöglicher sein, als daß der Ochs das Fohlchen bekommen hat?« fragte der Bauer.

Nun wurde aber der König wütend, sprang aus dem Wagen und trat dicht vor den Bauern hin. »Wie kannst du mir solche unverschämte Antwort geben?« schrie er laut. »Wer hat dir solche klugen Lehren gegeben? Denn von dir selber hast du's nicht, das merk' ich sofort!«

Der Bauer drehte die Worte erst hin und her, doch zuletzt, wie er wieder Prügel bekam, bekannte er, daß die Königin ihm den guten Rat gegeben hätte.

»Na wart!« sagte der König und fuhr sofort in die Stadt zurück. Er ging zu der Königin, die sehr hübsch, aber von niedrigem Stande war, und verkündete ihr, daß sie fortan aufhören werde, Frau Königin zu spielen, denn es wäre ihm noch nicht vorgekommen, daß eine feine Dame so schlecht gegen ihren Gemahl handeln und solche Reden führen könne. Und wenn es ihr gefalle, ihm gefalle es ganz und gar nicht! Und sie sollte sich beeilen, in ihre frühere Armut zurückzukehren! Höchstens wolle er ihr erlauben, das Liebste, was sie im Schlosse hätte, mitzunehmen, aber schnell, denn er gestatte ihr nicht, mehr als nur ein paar Stunden noch weiter hierzubleiben!

Die Königin war ganz betroffen und weinte vor sich hin. Aber dann eilte sie in die Stadt und kaufte einen Schlaftrunk, und den gab sie dem König, ohne daß der recht wußte, was er trank, und da schlief der König ein.

Nun fuhr der Kutscher vor, um die Königin nach ihrem früheren schlechten Hauschen zu bringen. Die Königin befahl, daß man den schlafenden König in den Wagen lege, und als es getan war, fuhren sie ab.

In dem Hauschen war alles sehr klein und knapp, aber es wurd' doch ein schönes weiches Lager für den König zurechtgemacht, und dort schlief er sich tüchtig aus. Kaum daß er aufgewacht war, rief er nach seiner Bedienung. Ja, du mein Gott, die kam nicht! Da richtete er sich auf und fragte: »Wo bin ich denn eigentlich?« und sah sich verwundert um. »Mein lieber Mann«, sagte die Königin und küßte ihn, »du bist in meinem früheren schlechten Hauschen. Du hattest mir ja erlaubt, daß ich das Liebste, was ich habe, aus dem Schloß mitnehmen könnte, und da du mir das Liebste bist, habe ich dich mitgenommen!«

»Nun seht doch«, sagte der König, »welche kluge Frau ich habe! Das gefällt mir, und ich will es wohl beachten.« Und sofort ordnete er an, daß der Kutscher anspannen sollte; und dann stieg er mit seiner Frau in den Wagen, und sie fuhren seelenvergnügt nach der Stadt zurück.

So war wieder alles gut und in Ordnung, und der König und seine Frau lebten noch viele Jahre in Glück und Seligkeit.

Von dem Bauern aber habe ich nichts weiter gehört.

Märchen aus Ostpreußen

Der Wahrhafte

In Bergamo, einer alten Stadt der Lombardei, lebte vor gar nicht langer Zeit ein reicher und angesehener Mann mit Namen Pietro Maria von Albani. Er besaß vor den Toren der Stadt zwei schöne Landgüter, und als er eines Tages starb, teilten seine beiden Söhne Emiliano und Lucaferro das väterliche Erbe unter sich auf; Emiliano bekam das eine Landgut und Lucaferro das andere.

Emiliano hielt auf seinem Gut eine stattliche Herde Schafe und eine große Anzahl von Milchkühen und Kälbern, die ein gewisser Travaglino hütete, ein überaus treuer, gewissenhafter Mensch, über dessen Lippen niemals eine Lüge kam, und sollte es ihn das Leben kosten. Auch sorgte er mit allem nur erdenklichen Eifer für die Ställe und Herden seines Herrn.

Bei den Herden hatte Travaglino mehrere Stiere, darunter einen von besonders schöner und kraftvoller Gestalt, der seinem Herrn so lieb war, daß er ihm die Hörner hatte vergolden lassen. Jedesmal, wenn Travaglino zu seinem Herrn in die Stadt kam, fragte Emiliano nach dem Stier mit den goldenen Hörnern und ließ sich ausführlich berichten, wie es seinem Liebling ging.

Eines Tages war Emiliano gerade mit seinem Bruder Lucaferro und einigen guten Freunden im Gespräch begriffen, als Travaglino bei ihm eintrat und ihm bedeutete, er habe ihm etwas mitzuteilen. Da erhob sich Emilio sogleich und verließ die Gesellschaft, um den Hirten anzuhören. Es war nicht das erste Mal, daß Emiliano sich solcherart verhielt, doch diesmal fühlte Lucaferro sich dadurch derart beleidigt, daß er seinen Bruder noch am selben Abend zornglühend zur Rede stellte. »Ich muß mich doch sehr wundern, mein lieber Emiliano«, begann er, »daß du diesen Schurken von Viehhirten über deine Familie und deine edelsten Freunde stellst! Nicht nur einmal, nein, ich möchte fast sagen, wohl an die tausend Mal hast du uns mitten im Gespräch oder beim Spiel im Stich gelassen und bist zu diesem Tölpel, diesem Travaglino, gelaufen, als ob du die wichtigsten Geschäfte von der Welt mit ihm zu verhandeln hättest!«

»Was zürnst du mir so heftig, lieber Bruder«, versetzte Emiliano, »und warum beschimpfst du meinen wackeren Travaglino? Ich bin ihm gut wegen seiner Redlichkeit und wegen der Treue, mit der er mir dient. Am meisten aber schätze ich an ihm, daß er um nichts in der Welt ein lügenhaftes Wort sprechen würde; das ist heutzutage eine seltene Tugend!«

Diese Antwort brachte Lucaferro noch mehr gegen Emiliano auf. Die Brüder gerieten in einen heftigen Wortwechsel, und es fehlte nicht viel, so hätten sie zu den Waffen gegriffen.

»Ich begreife es nicht«, schrie Lucaferro und schäumte vor Empörung, »ich begreife nicht, wie du diesen Kuhhirten wegen seiner Tüchtigkeit, Redlichkeit und Wahrheitsliebe so herausstreichst! Er ist der treuloseste und lügenhafteste Heuchler, den es je gegeben hat, und ich werde es dir beweisen!«

Nach manch weiterem hitzigen Wort gingen die beiden Streithähne schließlich eine Wette ein, die sie, in Gegenwart eines Notarius und mit allen zur Sache gehörenden Förmlichkeiten, schriftlich niederlegten. Die Wette lautete folgendermaßen:

Wird der Hirt Travaglino bei einer Lüge ertappt, gehört das Landgut seines Herrn Emiliano dessen Bruder Lucaferro. Erweist der Hirt sich aber als aufrichtig und ehrlich, fallen Emiliano die Besitztümer Lucaferros zu.

Als Lucaferro nach Hause gekommen war und sich sein Zorn ein wenig gelegt hatte, fing es an, ihn zu gereuen, sein Gut aufs Spiel gesetzt und sich gar durch einen Vertrag gebunden zu haben. Seine treue Gattin bemerkte seine üble Laune, und da sie keinen Grund dafür wußte, fragte sie: »Was gibt es denn, lieber Mann, daß du so mißgestimmt bist?«

»Ich bitte dich, schweig, Isotta, und mache mich nicht noch verdrießlicher, als ich es schon bin!« erwiderte Lucaferro. Isotta gab aber keine Ruhe, bis er ihr alles berichtete. »Wie«, rief sie da mit heiterer Miene, »ist das der Grund deines gewaltigen Kummers? Deswegen betrübst du dich so sehr? Sei nur ganz ruhig! Es wird mir leicht gelingen, den Travaglino nicht nur zu einer, sondern zu tausend Lügen gegen seinen Herrn zu verführen. Laß mich nur machen!«

Da Isotta sehr wohl wußte, wie überaus lieb der Stier mit den goldenen Hörnern ihrem Schwager war, gedachte sie, ihn als Mittel für ihren bösen Zweck zu gebrauchen. Sie kleidete sich sehr reizend und wanderte allein zu Emilianos Landgut hinaus. Als sie ins Haus trat, fand sie Travaglino damit beschäftigt, Ricotta zu machen. Sie grüßte ihn freundlich und sprach: »Lieber Travaglino, ich bin gekommen, dich zu besuchen, und möchte hier bei dir Milch trinken und deinen frischen Ricotta versuchen.« Travaglino war überrascht. Er konnte kaum glauben, daß da wirklich die schöne Isotta, die vornehme Schwägerin seines Herrn, vor ihm stand. Er fühlte sich hochgeehrt und bat sie, sich zu setzen. Dann ging er, holte das Gewünschte herbei und stellte noch manche andere Köstlichkeit dazu.

Nachdem Isotta ein wenig gegessen und getrunken hatte und sah, daß Travaglino noch immer eifrig mit seiner Arbeit beschäftigt war, sagte sie zu ihm: »Ich will dir helfen, lieber Travaglino«, und schon streifte sie ihre Ärmel hoch, trat dicht neben ihn und half ihm auf das fleißigste. Travaglino war zwar nur ein einfacher Hirt, aber doch kein einfältiger Mensch. Er merkte am Betragen der Dame sehr wohl, daß sie ihm gewogen war, und obgleich er schwieg, wußte er ihr doch zu erkennen zu geben, daß eine so große Gunst ihn nicht unempfindlich ließ. Da Isotta nun sah, daß sie ihm Eindruck gemacht hatte, schien ihr die Zeit gekommen, mit ihrem Anliegen herauszurücken. Sie sprach deshalb wie folgt: »Ich möchte dich um einen großen, großen Gefallen bitten, mein guter Travaglino. Ich hoffe, du erfüllst meine Bitte, denn tätest du es nicht, wäre es mir der Beweis, wie gering du meine Gunst achtest. Und vielleicht würdest du dadurch sogar schuld an meinem Verderben, ja, an meinem Tod sein.«

»Allergnädigste Signora«, rief Travaglino aus, »Euch zuliebe bin ich bereit, nicht nur Hab und Gut, sondern selbst mein Leben hinzugeben! Befiehlt mir, und ich werde Euch zu Diensten sein!« Da antwortete Isotta: »Als Zeugnis deiner Ergebenheit, mein Travaglino, erbitte ich nichts weiter als den Kopf des Stieres mit den goldenen Hörnern. Und gibst du ihn mir, wirst du mich nicht undankbar finden.« Als Travaglino dies vernahm, stand er einen Augenblick wie versteinert, doch die Schmeichelreden der hinterlistigen Isotta hatten ihn so sehr betört, daß er antwortete: »Weiter verlangt Ihr nichts von mir, gnädige Herrin? Nicht nur den Kopf des Stieres, sondern auch alles übrige sowie mich selbst wollte ich Euch zu Füßen legen!« Und damit ging er hin und schlug dem Stier den Kopf ab, tat den Kopf in einen Beutel und überreichte ihn der Dame, die froh und glücklich über das herrliche Gelingen ihres Vorhabens nach der Stadt zurückeilte.

Kaum war Isotta auf und davon, fiel dem Travaglino schwer aufs Herz, was er getan hatte, und es ging ihm gewaltig im Kopf herum, wie er seinem Herrn den Verlust des geliebten Stieres erklären sollte, den er stets wie seinen Augapfel gehütet hatte. In seiner Herzensangst kam es dem armen Travaglino in den Sinn, einen abgeschälten Ast zu nehmen, einige seiner ärmlichen Kleidungsstücke darüberzuziehen und sich einzubilden, dies sei sein Herr, dem er Rede und Antwort stehen müsse. Er putzte den Ast also heraus, setzte ihm noch eine Mütze auf und stellte ihn in seiner Kammer zurecht. Dann ging er zur Tür hinaus, kam gleich wieder herein und grüßte den Ast: »Guten Tag, Padrone!« Sich selbst antwortend, redete er darauf als Emiliano weiter: »Willkommen, Travaglino, wie geht es dir? Und wie geht es draußen, wie geht es meinem goldgehörnten Stier? Du hast dich lange nicht blicken lassen!«

»Danke, Padrone, mir geht es gut, ich bin sehr beschäftigt gewesen und habe darum nicht kommen können. Und der Stier ...« Hier wußte Travaglino nicht weiter. Er überlegte und sagte dann: »O Herr, der Stier ist im Wald von den Wölfen zerrissen worden.«

»Wie das« fragte Travaglino als Herr, »wo ist denn seine Haut geblieben, wo sein Kopf mit den goldenen Hörnern?« Da stockte Travaglino abermals und wußte auch nach längerem Nachdenken nicht, was er antworten sollte. Betrübt ging er ein zweites Mal hinaus, trat zurück in die Kammer und begann das Gespräch von neuem: »Grüß Gott, Padrone!«

»Meinen Dank, Travaglino! Wie geht es dir, und was macht mein goldgehörnter Stier?«

»Mir geht es recht gut, Herr, doch Euren Stier, den haben die anderen Stiere so übel zugerichtet, daß er elendig zugrundegegangen ist.«

»Aber du hast doch seinen Kopf mit den goldenen Hörnern und seine Haut?« Wieder wußte Travaglino nicht weiter. Er war verzweifelt. Er überlegte hin und her. Er seufzte schwer und begann das gleiche Spiel wieder und wieder, doch eine rechte Entschuldigung fand er nicht …

Sobald Isotta zu Hause angelangt war, legte sie ihrem Gatten stolz den Beutel mit dem Kopf des getöteten Stieres vor und sprach: »Sieh! Dem armen Travaglino wird auch die schlaueste Lüge nichts nützen; hier habe ich den Beweis, daß er schwindelt!« Lucaferro freute sich sehr, als er den Kopf des Stieres sah, und war sicher, seine Wette zu gewinnen.

Unterdessen war dem braven Travaglino immer noch nicht eingefallen, wie um alles in der Welt er seinem Herrn den Verlust des Stieres erklären sollte, und so machte er sich ratlos und in gedrückter Stimmung auf den Weg nach Bergamo. Er tat aber ganz vergnügt, als er bei Emiliano eintrat und ihn grüßte. Emiliano erwiderte seinen Gruß und fragte: »Was hat es denn gegeben, mein lieber Travaglino, daß du dich mehrere Tage gar nicht hier hast blicken lassen und dich nicht einmal gemeldet hast?«

»Die vielen Geschäfte haben mich abgehalten, Herr.«

»Und was macht mein Stier mit den goldenen Hörnern? Ist er wohlauf?«

Travaglino erschrak gewaltig. Sein Gesicht glühte wie Feuer. Er wollte eine Entschuldigung vorbringen und die Wahrheit verhehlen, doch die Unwahrheit wollte ihm nicht über die Lippen; er scheute sich zu sehr, seine Ehre mit Lügen zu beflecken, und so faßte er sich ein Herz und erzählte seinem Herrn getreulich, was ihm begegnet war und wie es mit dem Tode des Stieres zugegangen, worüber Emiliano nicht wenig erstaunte.

So trug Emiliano den Sieg über seinen Bruder davon und ward Besitzer auch von dessen Landgut. Travaglino aber, der die Wahrheit nicht verleugnet hatte, ward weiter hochgeschätzt und in Ehren gehalten, und die arglistige Isotta, welche andere hatte betrügen und bloßstellen wollen, war nun selbst betrogen und beschämt.

Märchen aus Italien

Der verräterische Diener

Es war einmal ein sehr reicher und dabei höchst gütiger Herr, ein wahrer Wohltäter der Menschen. Niemanden, der bei ihm Hilfe suchte, wies er ab, denn seine Freude bestand darin, den Notdürftigen und Unglücklichen zu helfen. Er hatte keinen Erben, für den er Reichtümer hätte sammeln können, und so verwendete er all sein Geld zu guten Werken.

Ein solch gutes Werk, und zwar nicht das letzte, war auch dies, daß er über den breiten, reißenden Strom, der unweit seines Schlosses rasch dahinfloß und den menschlichen Verkehr hinderte, mit großen Kosten eine schöne feste Brücke bauen ließ. Er hatte Freude an dem Bau und ging oft hin, um nachzusehen, wie die Arbeit voranging, und die Arbeiter zum Fleiß zu ermuntern. Als die Brücke fertig war, sandte er einen seiner Diener aus, damit er horche, was die Reisenden über ihn urteilten, und es ihm berichte.

Der Diener stellte sich auf die Brücke und lauschte auf die Reden der Vorüberziehenden. Einige schalten seinen Herrn einen Toren, daß er soviel Geld auf eine Sache verwendet habe, die ihm selbst keinen Nutzen bringe. Die meisten aber priesen ihn, daß er durch die Erbauung der Brücke der ganzen Umgegend eine so große Wohltat erwiesen. Endlich kamen zwei ehrwürdige Greise mit langen weißen Bärten in Pilgerkleidern daher. Einer der beiden sagte: »Was muß das für ein edler Mann sein, der einen so beträchtlichen Teil seines Vermögens opfert, um seinen Mitmenschen einen Dienst zu tun!«

»Fürwahr«, sagte der andere, »der Erbauer dieser Brücke verdient eine große Belohnung für sein Werk.«

»Wie könnten wir ihn wohl nach Verdienst belohnen?« fragte der erste.

»Seine Gattin möge einen Sohn gebären, dem alle Mächte untergeben seien und dessen Wünsche alle erfüllt werden sollen«, versetzte der zweite, und mit diesen Worten gingen sie vorüber.

Der Diener, der das Zwiegespräch vernommen, wunderte sich nicht wenig, und da er ein schlechtes Herz hatte, dachte er sogleich nach, wie er daraus zum Schaden seines Herrn einen Vorteil für sich ziehen könnte. Als er nach Hause kam, berichtete er seinem Herrn die verschiedenen Urteile der Reisenden, hinsichtlich der Pilger aber erlaubte er sich eine abscheuliche Lüge. Er erzählte nämlich, wie die zwei ehrwürdigen Greise bedauert hätten, daß ein so edler Wohltäter der Menschen ein so unerhörtes Unglück erleben solle, denn seine Gemahlin werde einen Sohn zur Welt bringen, den sie bald nach der Geburt töten und aufessen werde. Darüber betrübte sich der gute Herr außerordentlich und zeigte gar keine Freude, als ihm seine geliebte Gemahlin eröffnete, sie hoffe zu Gott, ihr beiderseitiger Wunsch werde in Erfüllung gehen und sie würden einen Erben bekommen.

Die Frau gebar wirklich ein Söhnlein, und obwohl der Vater jubelte, so trübte ihm die unglückliche Prophezeiung doch stets seine Freude, denn da sich nun ihr einer Teil – nämlich daß ihm ein Erbe geboren werden sollte – erfüllt hatte, so mußte er sicherlich auch die Erfüllung des anderen Teils erwarten. Indessen paßte der verräterische Diener auf eine Gelegenheit, um seinen elenden Vorsatz auszuführen. Eines Tages, da ihm die Zeit günstig dünkte, stahl er sich am Abend in das Gemach der Frau, wohl wissend, daß sie bereits fest schlief. Er nahm das Kind, das neben der Mutter in der Wiege lag, und trug es zu seiner Ehefrau, der er befahl, auf der Straße seiner zu harren. Dann kehrte er noch einmal zurück. Er fing im Hof einen Hahn, schnitt ihm mit dem Küchenmesser den Kopf ab und bestrich mit dem Blut des Hahnes das Bett der Mutter und die leere Wiege. Das Messer legte er in die Wiege. Nachdem er dies vollbracht, eilte er zu seiner Frau, und beide zogen mit dem gestohlenen Kind in die weite Welt.

Des Morgens, als der Herr in das Gemach seiner Gemahlin trat, die noch schlief, sah er mit Entsetzen die leere Wiege und die Blutspuren der vermeintlichen Schreckenstat. Er glaubte, der zweite Teil der unglücklichen Prophezeiung sei in Erfüllung gegangen, ward wütend vor Schmerz, und da er seine Gemahlin für die Schuldige hielt, durchbohrte er die Schlafende mit seinem Schwert, so daß sie auf der Stelle tot war. Kaum jedoch, daß er die Tat vollbracht, kühlte sein Blut sich ab. Er begann alles zu überlegen und empfand große Reue, denn er hatte seine Gemahlin geliebt, und ohne sie blühte ihm kein Glück auf Erden. Er begann sein Schicksal zu beweinen, bis ihn plötzlich unermeßliche Verzweiflung erfaßte. Wie ein Wahnsinniger stürzte er aus dem Schloß, und niemand hörte mehr von ihm.

Nachdem die Diener ihre Herrin tot fanden und der Herr sich nirgends zeigte, rafften sie alles Gut im Schloß zusammen und zerstreuten sich. Das Schloß stand nun öd und ward mit der Zeit zur Ruine.

Inzwischen hatte der treulose Diener mit seiner Ehefrau das gestohlene Kind in ferne Lande getragen. Als es heranwuchs und allmählich zu Verstand kam, wußte er es als sein vermeintlicher Vater anzuleiten, ja, er zwang den Knaben sogar gewaltsam, daß er sich dies und jenes wünschte, was stets erfüllt wurde. So häufte der Verräter große Reichtümer an und lebte in Fülle und Pracht. Seine Frau jedoch, die von dem Geheimnis nichts wußte, konnte sich nicht genug wundern, woher ihr Mann all das nahm, und drang oftmals in ihn, es ihr zu entdecken. Lange weigerte er sich, bis er endlich ihren Bitten nicht zu widerstehen vermochte und ihr alles vertraute.

Dies hörte zufällig der an der Tür lauschende Knabe, der schon zwölf Jahre zählte, und erfuhr auf diese Weise, welcher Abkunft er war und welche Wundergabe er besaß. Groß war sein Vergnügen, daß ein anderer sein Vater sei als der, der ihn oft so unbarmherzig gequält, und er beschloß, ihn nach Verdienst zu strafen. Mittelst seiner Gabe, vermöge der ein jeder seiner Wünsche zur Wirklichkeit ward, verwandelte er den treulosen Diener in einen schwarzen Hund und machte sich mit ihm auf den Weg, um sein väterliches Schloß zu suchen.

Lange zog er in der Welt umher, ohne seine Geburtsstätte erfragen zu können. Es fiel ihm nicht ein, daß er ja nur zu wünschen brauchte, am Ziel zu sein, denn wo hat ein Knabe in seinem Alter hinreichenden Verstand? Doch ersann er das Mittel, daß er in jeder Herberge, wo er aß oder übernachtete, seinem Hund anstatt des Essens Späne zu reichen befahl, und wenn sich die Wirtsleute wunderten, daß der Hund Späne essen sollte, zur Antwort gab:

»Konnte die Mutter ihr Kind aufessen, kann der Hund auch Späne fressen.«

Nach langem Hinundherwandern gelangte er endlich an einen reißenden und breiten Strom, über den eine herrliche Brücke führte. Am Ende der Brücke stand eine neu erbaute Herberge, worin der Knabe, erschöpft vom Weg, anhielt. Da ließ er sich ein reiches Mahl bereiten, seinem Hund jedoch Späne vorwerfen, und als der Wirt sich wunderte, daß der Hund Späne essen sollte, gab er wie gewöhnlich zur Antwort:

»Konnte die Mutter ihr Kind aufessen, kann der Hund auch Späne fressen.«

»Ei«, sagte der Wirt, »das geschah vor zwölf Jahren unweit von hier in einem Schloß, daß eine Mutter ihr Kind aufaß, worauf ihr Mann sie im Zorn ermordete und dann verschwand, ohne daß jemand weiß, wohin. Ich diente damals im Schloß, und alles war erstaunt über den Vorfall. Die Mutter begrub man ihrer Tat wegen an einem ungeweihten Ort, doch was konnte die Unglückliche dafür? Es war ihr vor der Geburt des Kindes prophezeit worden.«

Der Knabe hörte diese Worte mit Freude, denn sie entdeckten ihm, daß hier sein väterlicher Sitz sei. Er ließ sich zu dem Grab der Mutter führen, kniete dort nieder und vergoß bittere Tränen. »O wärst du doch am Leben, unglückliche Mutter, die ich nicht kannte und die so unschuldig litt!« rief er mit überwallendem Gefühl. Und siehe, da öffnete sich die Erde, und aus dem Grab stieg eine zarte Frauengestalt, drückte den Knaben an ihre Brust und nannte ihn Sohn. Der Knabe hatte, ohne es zu wissen, durch den ausgesprochenen Wunsch seine Mutter zum Leben erweckt. Er war wie von Sinnen und konnte nicht fassen, was sich begeben. Bald aber besann er sich, umschlang die Mutter zärtlich und versank in Glückseligkeit. »Wäre doch auch der Vater hier und teilte unsere Wonne mit uns!« rief er hierauf, und alsbald stand ein Mann da von stattlichem Wuchs und freundlichem Aussehen, nur daß Schwermut wie eine Wolke sein Antlitz beschattete. Es war des Knaben Vater, der sein Kind für tot gehalten und aus Schmerz über den verübten Mord in der Welt umhergeirrt, ohne Ruhe zu finden. Jetzt klärte sich ihm alles auf, und unaussprechlich war die Freude des Überglücklichen.

Sie kehrten in ihr Schloß zurück, das die Wünsche des Sohnes schnell in seinen vorigen Zustand versetzten, und fingen an, ein neues Leben zu leben. Den verräterischen Diener verwandelte der Sohn wieder in einen Menschen, worauf er kraft gerichtlichen Urteils lebendig durch Pferde zerrissen ward. Der Vater wurde wieder ein Wohltäter seiner Mitmenschen, bis ihn nach vielen Jahren ein natürlicher Tod abrief. Der Sohn aber gebrauchte nach dem Beispiel des edlen Vaters die ihm verliehene Macht nur zum Nutzen anderer und hinterließ so ein gesegnetes Andenken.

Märchen aus Böhmen

Der Müllerknecht und seine treuen Gefährten

Da war einmal ein Müllerknecht, der hatte seinem Herrn schon viele Jahre lang treu und fleißig gedient und war alt geworden in der Mühle, also daß die schwere Arbeit, die er hier zu verrichten hatte, endlich über seine Kräfte ging. Da sprach er eines Morgens zu seinem Herrn: »Ich kann dir nicht länger dienen, ich bin zu schwach; entlaß mich deshalb und gib mir meinen Lohn!«

Der Müller sagte: »Jetzt ist nicht die Wanderzeit der Knechte! Übrigens kannst du gehen, wenn du willst, aber Lohn bekommst du nicht.« Da wollte der alte Knecht lieber seinen Lohn lassen, als sich noch länger in der Mühle so abquälen, und verabschiedete sich von seinem Herrn. Ehe er aber das Haus verließ, ging er noch zu den Tieren, die er bis dahin gefüttert und gepflegt hatte, um ihnen Lebewohl zu sagen. Als er nun zuerst von dem Pferde Abschied nahm, sprach es zu ihm: »Wo willst du denn hin?«

»Ich muß fort«, sagte er, »ich kann's hier nicht länger aushalten.« Und wie er dann weiterging, so folgte das Pferd ihm nach. Darauf begab er sich zu dem Ochsen, streichelte ihn noch einmal und sprach: »Jetzt b'hüt di Gott, Alter!«

»Wo willst du denn hin?« sprach der Ochs.

»Ach, ich muß fort; ich kann's hier nicht länger aushalten«, sagte der Müllerknecht und ging traurig fort, um auch noch von dem Hunde Abschied zu nehmen. Der Ochs aber zog hinter ihm her wie das Pferd, und ebenso machten es die übrigen Haustiere, denen er adieu sagte, nämlich der Hund, der Hahn, die Katze und die Gans.

Als er nun draußen im Freien war und sah, daß die treuen Tiere ihm nachgezogen, redete er ihnen freundlich zu, daß sie doch wieder umkehren und daheimbleiben möchten. »Ich habe jetzt selber nichts«, sprach er, »und kann für euch nicht mehr sorgen.« Allein die Tiere erklärten ihm, daß sie ihn nicht verlassen würden, und zogen vergnügt hinter ihm drein.

Da kamen sie nach etlichen Tagen in einen großen, großen Wald. Das Pferd und der Ochs fanden hier gutes Gras, und auch die Gans und der Hahn ließen sich's schmecken. Die anderen Tiere aber, die Katze und der Hund, die mußten Hunger leiden wie der alte Müllerknecht und knurrten und murrten nicht darüber. Endlich, als sie ganz tief in den Wald hineingekommen waren, sahen sie auf einmal ein schönes, großes Haus vor sich stehen, das war aber fest zugeschlossen. Nur ein Stall stand offen und war leer, und von hier aus konnte man durch eine Scheuer in das eigentliche Haus kommen. Weil nun niemand in dem Hause zu sehen war, so beschloß der Knecht, mit seinen Tieren daselbst zu bleiben, und wies einem jeden seinen Platz an. Das Pferd stellte er vorn in den Stall, und den Ochsen führte er an die andere Seite. Der Hahn bekam seinen Platz auf dem Dach, der Hund auf dem Mist, die Katze auf dem Feuerherde und die Gans hinterm Ofen. Dann reichte er jedem sein Futter, das er in dem Hause reichlich vorfand, und er selbst aß und trank, was er mochte, und legte sich dann schlafen in ein gutes Bett, das in der Kammer fertig dastand.

Als es nun schon Nacht war und der Müllerknecht fest schlief, kam der Räuber, dem dies Waldhaus gehörte, zurück. Wie der aber in den Hof trat, sprang sogleich der Hund wie wütend auf ihn los und bellte ihn an. Dann schrie der Hahn vom Dache herunter »Kikeriki! Kikeriki!«, also daß es dem Räuber angst und bange wurde, denn er hatte in seinem Leben noch keine Haustiere gesehen, die mit dem Menschen zusammenleben, sondern kannte bloß die wilden Tiere des Waldes. Deshalb nahm er Reißaus und sprang eilig in den Stall. Aber da schlug das Pferd hinten aus und traf ihn an die Seite, daß er um und um taumelte und sich nur mit Mühe noch in die hintere Seite des Stalles flüchten konnte. Kaum aber war er hier angekommen, so drehte sich auch schon der Ochs um und wollte ihn auf seine Hörner nehmen. Da bekam er einen neuen Schrecken und lief, was er konnte, durch die Scheuer hindurch und dann in die Küche, um ein Licht anzuzünden und zu sehen, was da los sei. Wie er nun auf dem Herde herumtastete und die Katze anrührte, fuhr die auf ihn los und kratzte ihn dermaßen mit ihren Tatzen, daß er Hals über Kopf davonsprang und sich eben in der Stube hinter dem Ofen verkriechen wollte. Da wachte aber die Gans auf und schrie und schlug mit den Flügeln, daß es dem Räuber höllenangst wurde und er sich in die Kammer flüchtete. Da schnarchte nun der alte Müllerknecht in dem Bette so kräftig wie ein schnurrendes Spinnrad, daß der Räuber meinte, die ganze Kammer sei mit fremden Leuten angefüllt. Da überfiel ihn ein arges Grauen und Grausen, kannst du glauben, und er lief schnell zum Hause hinaus und rannte in den Wald hinein und stand nicht eher still, als bis er seine Raubgesellen gefunden hatte. Da fing er nun an zu erzählen: »Ich weiß nicht, was mit unserm Hause vorgegangen ist; es wohnt ein ganz fremdes Volk darin! Als ich in den Hof trat, sprang ein großer, wilder Mann auf mich zu und schalt und brüllte so grimmig, daß ich dachte, er werde mich umbringen. Ein anderer reizte ihn noch auf und rief vom Dach herunter: ›Gib'm au für mi! Gib'm au für mi! (Gib ihm auch für mich!)‹ Da mir's der erste schon arg genug machte, so wollte ich nicht warten, bis ihrer etwa mehrere über mich herfielen, und flüchtete mich in den Stall. Aber da hat ein Schuhknecht (Schuster) mir einen Leisten an die Seite geworfen, daß ich's noch spüre. Und als ich dann hinten in den Stall kam, stand da ein Gabelmacher und wollte mich mit seiner Gabel aufspießen. Und als ich in die Küche kam, saß da ein Hechelmacher und schlug mir seine Hechel in die Hand. Und als ich in die Stube sprang und mich hinterm Ofen verstecken wollte, da schlug mich ein Schaufelmacher mit seiner Schaufel. Als ich aber endlich in die Kammer lief, da schnarchten darin noch so viele andere, daß ich nur froh sein mußte, als ich lebendig wieder draußen war.«

Als die Räuber dies hörten, entsetzten sich alle so sehr, daß keiner Lust hatte, in das Haus zu gehen. Nein, sie meinten, die ganze Umgegend sei durch dies fremde Volk unsicher geworden, und zogen noch in selbiger Nacht fort, weit weg in ein anderes Land, und sind nie wiedergekommen.

Da lebte nun der Müllerknecht mit seinen treuen Tieren in Ruh und Frieden in dem Hause der Räuber und brauchte sich nicht mehr zu plagen in seinen alten Tagen, denn der schöne Garten neben dem Haus trug ihm jährlich mehr Obst, Gemüse und allerlei Nahrung, als er und seine Tiere verzehren konnten.

Märchen aus Schwaben

Der schwarze Pudel

Ein Mädchen und ein Knecht hatten einander sehr lieb. Sie konnten aber noch nicht heiraten; daher beschlossen sie, gemeinsam in Dienst zu gehen. Die beiden wanderten weit herum, doch wollte sich kein solcher Dienst finden. Wo immer sie anfragten, immer fehlte entweder nur ein Mädchen oder nur ein Knecht, niemals beides. So kam es, daß sie so lange wanderten, bis sie kein Geld mehr hatten und gezwungen waren, sich einzeln zu verdingen, jeder eben dort, wo er ein Unterkommen finden konnte.

Sie waren gerade in einen Krug eingekehrt, da erfuhren sie von dem Wirt, daß ein Mädchen fehle. So war denn die Zeit gekommen, daß sie sich trennten. Das Mädchen verdingte sich und blieb in dem Krug, der Knecht zog weiter. Zuvor hatten sie einander aber versprochen, sich treu bleiben zu wollen, und hatten zwei Verschreibungen darüber ausgestellt und darin gesagt, wer von ihnen die Treue bräche, der sollte nach dem Tod bestraft werden. Seine Haut sollte dann einem schwarzen Hund gehören, und der Hund sollte die Haut des Treulosen auf der Landstraße herumkullern.

Der Knecht zog also allein weiter. Es dauerte nicht lange, und er kam in ein Königreich, wo man bei Hofe gerade einen königlichen Diener brauchte. Er meldete sich und wurde angenommen. Man zog ihm sofort seine schlechten Kleider aus und gab ihm vornehme königliche Bedientenkleider. Die Verschreibung, die das Mädchen ihm gegeben hatte, vergaß er. Sie blieb in seinem alten Rock zurück, und so kam es, daß der Knecht bald kaum noch an das Mädchen dachte. Sie kam ihm mehr und mehr aus dem Sinn, da er nun ein so feiner Mann geworden war.

Soweit war alles gut, aber mit eins starb der König, und es wurde großer Rat gehalten, wer sein Nachfolger werden sollte. Es war eine lange Beratung. Schließlich wählte man den Knecht zum König, denn er war hübsch gewachsen und hatte auch ein hübsches Gesicht. Jetzt vergaß er das Mädchen ganz und gar und heiratete die verwitwete Königin.

Eine Zeitlang verlief das Leben im Schloß ganz wunderschön, und alles war in Frieden. Plötzlich erinnerte der König sich aber an seine frühere Braut und beschloß, zu jenem Krug zu fahren, in dem er sie zurückgelassen hatte. Als die Königin schon im Wagen saß, um mit ihrem neuen Gemahl spazierenzufahren, wollte sie den Weg nehmen, auf dem sie immer mit dem verstorbenen König gefahren war, doch der junge König sagte nein. Er wollte auch, daß die gesamte Dienerschaft und die ganze Schloßwache sie begleite. Die Königin wollte dies zwar nicht; sie mußte aber nachgeben, und so fuhren denn alle hin zu dem Krug.

Als sie dort angekommen waren, fragte der König nach dem Mädchen. »Ach, die ist schon lange tot!« sagten die Krügersleute. Da wurde dem jungen König ängstlich zumute, und er ordnete an, daß die Wache zur Nacht aufbleiben und gut aufpassen sollte, ob irgend etwas geschähe; es wollte ihm nicht aus dem Sinn, daß das Mädchen sich rächen könnte.

Die Königin ging zu Bett und schlief ruhig ein, aber der König setzte sich an einen Tisch, um den er einen Kreis gezogen hatte, und las in einem Buch. Es dauerte nicht lange, so fing ein wunderschöner Gesang an; er kam näher und näher. Der König wurde unruhig und stand auf, ging zu der Wache und ordnete an, sie solle stechen und hauen, sobald etwas herankäme. Die Wache versprach es ihm, und der König ging in sein Zimmer zurück. Der Gesang kam aber immer näher. Da lief der König abermals hinaus und rief die Wache, doch die hörte nichts; sie lag lang ausgestreckt und schlief fest. Kaum war der König wieder in seinem Zimmer und hatte sich an den Tisch gesetzt, um ruhig weiterzulesen, als die Tür aufgerissen und ein Sarg hereingetragen wurde. In dem Sarg lag das tote Mädchen, das sich nun aufrichtete und vom König ihre Verschreibung zurückverlangte. »Die habe ich nicht mehr«, sagte der König, »die ist mir unglücklicherweise verlorengegangen.« Da sagte das Mädchen: »Du brauchst nur in deine rechte Westentasche zu fassen, da wirst du das Papier schon finden!« Und richtig: Der König faßte in seine rechte Westentasche und zog die Verschreibung heraus. Er spickte sie auf seinen Säbel und reichte sie dem Mädchen. Als sie den Säbel aber berührte, ward derselbe von der Spitze bis an eben jene Stelle pechschwarz. Das Mädchen sagte: »Morgen um diese Zeit wirst du sterben.« Dann verschwand alles.

Am andern Morgen wollte die Königin nach Hause fahren. »Nein«, sagte der König, »wir bleiben hier. Ich weiß, daß ich heute abend sterben muß.« So blieben sie denn alle da, und richtig: am Abend starb der König und wurde nach einigen Tagen mit großem Prunk begraben. In dem großen Gefolge, das hinter dem Sarg herging, war auch ein alter Husar, und weil so viele Leute zur Nacht Herberge suchten und alle Häuser schon besetzt waren, fand er keinen Platz, wo er hätte schlafen können. Er fragte nach Möglichkeit hier und da, aber zuletzt blieb ihm nichts anderes übrig, als auf den Kirchhof zu gehen, wo an der Seite ein Schillerhauschen (Schildwachhaus) stand. Dort wollte er sich gerade zur Ruhe begeben, als er ein lautes Geräusch hörte, das vom Grabe des Königs kam. Er ging hin und sah nach, was das zu bedeuten hätte. Da sah er einen großen schwarzen Pudel, der scharrte den König heraus und schlackerte den Leichnam hin und her, bis die Knochen einzeln aus der Haut fielen. Dann packte der Pudel die Haut und lief mit ihr zu dem Schillerhauschen, aber der alte Husar wollte nicht zulassen, daß das Untier die Haut dort hinschleppte und herumkullerte. Da der Pudel jedoch ein starkes Tier war und große Macht hatte, gab es einen harten Kampf. Die beiden stritten fürchterlich, da schlug es Mitternacht, und nun war die Macht des Pudels gebrochen: Er mußte verschwinden.

Der alte Husar hatte den Leichnam so weit erlöst, daß ihm nun nichts mehr geschehen konnte. Er trug die Haut zum Grabe, sammelte die Knochen auf und schüttelte alles zusammen. Auf diese Weise wurde der tote König wieder zusammengesetzt; lebendig konnte er nicht mehr werden, und seine Strafe hatte er gehabt.

Der Husar, der so mutig mit dem Pudel gekämpft hatte, erhielt nun prachtvolle Geschenke und kam groß zu Ehren.

Märchen aus Ostpreußen

Lumpenrock

Einst lebte ein alter, reicher Lord einsam in seinem großen Schloß am Meer. Seine Frau und seine Kinder waren schon viele Jahre tot, nur eine kleine Enkelin hatte er noch, doch die hatte er noch kein einziges Mal angesehen, seit sie auf der Welt war, denn er haßte sie aus tiefster Seele. Seine Lieblingstochter war nämlich bei der Geburt des Mädchens gestorben, und als die Kinderfrau zu ihm gekommen war, um ihm das Neugeborene in den Arm zu legen, hatte er es nicht einmal angesehen und geschworen, dem Kind niemals ins Antlitz zu blicken, solange er lebe. Tag für Tag und Jahr für Jahr saß er seither abgewandt am Fenster, sah auf das Meer hinaus und weinte bittere Tränen um die verlorene Tochter. Haupt- und Barthaar waren ihm weiß geworden im Laufe der Zeit und lang hinabgewachsen über Schultern und Sessel bis auf den Boden. Seine Tränen aber, die auf den Fenstersims flossen, hatten tiefe Rinnen in den Stein gegraben und ergossen sich nun als ein Bach ins Meer.

Seine Enkelin wuchs derweil heran, und niemand war da, der für sie sorgte. Einzig die alte Kinderfrau steckte ihr manchmal heimlich einen Bissen zu oder zog aus dem Lumpensack für sie einen zerrissenen Unterrock hervor. Die Diener aber jagten sie unter Schlägen und mit Hohn und Spott aus dem Schloß. Sie riefen ihr »Lumpenrock, Lumpenrock« nach und zeigten mit Fingern auf ihre nackten Füße und bloßen Schultern, bis sie schließlich weinend davonlief und sich im Gebüsch versteckte. So wuchs sie heran und bekam wenig zu essen und anzuziehen. Ihr einziger Gefährte war der Gänsehirt. Mit ihm lief sie über die Felder, und wenn sie hungrig und durstig oder müde war, dann spielte er so fröhlich auf seiner Flöte, daß sie all ihren Kummer vergaß und inmitten der schnatternden Gänse zu tanzen begann.

Eines Tages erzählten sich die Leute, daß der König mit seinem einzigen Sohn durch das Land reise und in der Nachbarstadt einen großen Ball für alle Lords und Ladies seines Reiches geben wolle, um unter ihren Töchtern eine Gemahlin für den Prinzen auszuwählen. Auch in das Schloß am Meer wurde eine Einladung gesandt, und als die Diener sie ihrem Herrn überbrachten, saß er eingehüllt in sein langes, weißes Haar wie immer am Fenster und vergoß Ströme von Tränen. Wie er aber des Königs Botschaft vernahm, trocknete er seine Tränen und hieß seine Diener Scheren bringen, damit sie ihn aus dem Gewirr seiner Haare befreiten. Dann legte er reichen Schmuck und kostbare Gewänder an und ließ sein weißes Pferd satteln und mit Gold und Seide prächtig zäumen, um dem König entgegenzureiten.

Lumpenrock hatte gehört, was in der Stadt vor sich ging, und saß weinend vor der Küchentür, weil sie an den Festlichkeiten nicht teilnehmen konnte. Als die alte Kinderfrau ihr Schluchzen hörte, ging sie zu ihrem Herrn und bat ihn, die Enkelin mit auf den Ball zu nehmen. Er befahl ihr zu schweigen; die Bedienten aber lachten schadenfroh und riefen: »Laß sie doch in Ruhe! Sie ist glücklich in ihren Lumpen, bei ihren Gänsen; etwas Besseres taugt nicht für sie!«

Die alte Kinderfrau bat den Lord noch ein zweites und sogar noch ein drittes Mal, er möge das Mädchen mitnehmen, doch erhielt sie nur finstere Blicke und böse Worte zur Antwort und wurde von den Dienern schließlich mit Spott und Schlägen aus dem Zimmer gejagt. Sie weinte, weil sie nichts hatte ausrichten können, und ging Lumpenrock suchen. Die Köchin aber hatte das Mädchen von der Küchentür verscheucht, und da hatte es sich zu seinem einzigen Freund, dem Gänsehirten, geflüchtet. Als sie ihm ihr Leid klagte, bat er sie, den Mut nicht zu verlieren, und schlug ihr vor, sie sollten gemeinsam in die Stadt gehen, um den König zu sehen und alle Herrlichkeiten. Sie sah bekümmert auf ihren zerrissenen Rock und ihre bloßen Füße, doch da spielte er einige Töne auf seiner Flöte, und die klangen so lustig und fröhlich, daß sie ihre Traurigkeit und ihre Tränen vergaß. Und bevor sie noch wußte, wie ihr geschah, hatte der Hütejunge sie bei der Hand gefaßt und tanzte mit ihr die Straße entlang nach der Stadt, und die Gänse liefen vor ihnen her. Nicht lange, da kam ihnen ein schöner, prächtig gekleideter Jüngling entgegengeritten – der Prinz. Er hielt sein Pferd an und fragte sie nach dem Weg zu dem Schloß, in dem der König abgestiegen sei. Und als er erfuhr, daß sie ebenfalls dorthin gingen, stieg er vom Pferd und schritt neben ihnen her die Straße entlang.

Der Gänsehirt zog seine Flöte hervor und spielte eine zarte, süße Melodie; der fremde Jüngling aber konnte seinen Blick nicht von Lumpenrocks lieblichem Gesicht wenden und verliebte sich so sehr in sie, daß er sie bat, seine Gemahlin zu werden.

Da lachte sie, schüttelte den Kopf mit dem goldenen Haar und rief: »Man würde Euch recht verspotten, wenn Ihr eine Gänsemagd zur Frau nähmet! Geht und fragt eine der vornehmen Damen, die Ihr heute abend auf des Königs Ball sehen werdet, und macht Euch nicht lustig über mich armen Lumpenrock!«

Aber je mehr sie ihn abwies, um so süßer tönte die Flöte und um so heftiger verliebte er sich in sie. Schließlich bat er sie, so wie sie war – mit bloßen Füßen und in ihrem zerrissenen Unterrock, mit dem Gänsehirten und der ganzen

Gänseschar – am Abend um Mitternacht auf den Ball des Königs zu kommen, damit er ihr beweisen könne, daß er es ehrlich meine. Er wollte dann mit ihr vor dem König und allen Lords und Ladies tanzen und sie ihnen als seine Braut vorstellen, die ihm lieb und wert war.

Als die Mitternachtsstunde näherrückte und der große Saal des Schlosses in hellem Glanz erstrahlte und die Lords und Ladies sich vor dem König zum Klang der Musik fröhlich im Tanze drehten, da, gerade als die Uhr die zwölfte Stunde schlug, betrat Lumpenrock mit dem Gänsehirten und den schnatternden Gänsen den Ballsaal. Die Damen begannen leise zu tuscheln, und die Herren fingen laut zu lachen an, so daß der König verwundert aufsah. Der Prinz stand von seinem Platz an des Königs Seite auf und ging ihr entgegen. Er nahm sie bei der Hand und küßte sie dreimal.

»Lieber Vater«, sprach er, »ich habe meine Wahl getroffen. Dies ist meine Braut, das schönste und süßeste Mädchen im ganzen Land!«

Bevor er noch zu Ende gesprochen hatte, zog der Gänsehirt seine Flöte hervor und spielte einige zarte Töne, die wie der Gesang eines Vogels fern im Wald klangen. Und wie er so spielte, verwandelte sich Lumpenrocks zerrissener Unterrock in ein schimmerndes Kleid, das über und über besät war mit funkelnden Edelsteinen, und eine goldene Krone glänzte in ihrem goldenen Haar. Die Gänseherde aber wurde zu einer Schar hübscher Pagen, die ihr die lange Schleppe trugen. Und als der König sich erhob, um sie als seine Tochter zu begrüßen, erklang Trompetenschall zu Ehren der neuen Prinzessin, und das Volk draußen auf den Straßen rief: »Ah, der Prinz macht das schönste Mädchen im ganzen Land zu seiner Gemahlin!«

Der Gänsehirt aber war auf einmal verschwunden, und niemand wußte, was aus ihm geworden war.

Der alte Lord kehrte zurück auf sein Schloß. Er hatte ja geschworen, seine Enkelin niemals anzusehen, und konnte am Königshof deshalb nicht bleiben. So saß er denn wieder am Fenster, blickte voll Gram aufs Meer und weinte bittere Tränen … Und vielleicht sitzt er heute noch da.

Märchen aus England

Die Frau und der Kadi

Es war einmal ein Mann, der kaufte eines Tages eine große Menge Getreide. Er schaffte das Getreide zu sich nach Hause und befahl seiner Frau, es zu mahlen. Da sie sich weigerte, die schwere Arbeit zu tun, lief der Ehemann gleich zum Kadi, um sich über seine Frau zu beschweren. Der Kadi hörte den Mann ruhig an und sprach: »Schicke deine Frau zu mir! Ich will ihr gehörig den Kopf zurechtsetzen und sie wegen ihres Ungehorsams tadeln.« Als die Frau dann vor ihm stand, hielt der Kadi ihr eine lange Strafpredigt. »Eine Frau«, so sprach er streng, »muß ihrem Ehemann stets gehorchen und ihm in allen Dingen, die er von ihr verlangt, zu Willen sein. Wenn er ihr zum Beispiel befiehlt, Getreide zu mahlen, muß sie es ohne Widerrede tun und es nicht in die Mühle zum Müller schicken, der die Hälfte stiehlt. Also geh nach Hause und mach dich an die Arbeit!«

Die Frau wandte sich zum Gehen, wobei sie, ganz in Gedanken, ihren Schleier löste, so daß der Kadi für einen kurzen, köstlichen Augenblick ihr Gesicht unverhüllt sah, bevor sie es in höchster Scham und Verwirrung rasch wieder hinter dem Schleier verbarg. Entzückt von ihrer Schönheit, trat er dicht neben sie und flüsterte: »Ich will dich morgen besuchen!«

Die Frau nannte ihm ebenso leise Ort und günstige Stunde … und ging nach Haus.

Am anderen Tag erschien der Kadi pünktlich zur verabredeten Zeit. Kaum aber war er eingetreten, klopfte es noch einmal.

»O weh, das ist mein Mann!« rief die Frau erschrocken. »Schnell, ziehe deine Kleider aus und wickle dich in diese Decke! Dann stelle dich dort hinten an die Getreidemühle und beginne, das Getreide zu mahlen. Ich werde meinem Mann sagen, du seiest eine Nachbarin und gekommen, um mir bei der Arbeit zu helfen, dann schöpft er keinen Verdacht!«

Was blieb dem armen Kadi anderes übrig, als den Worten der Frau zu folgen? Kaum hatte er sich die Decke umgelegt und begonnen, den Mahlstein zu drehen, da trat auch schon der Ehemann ein. Anstatt ihn nun aber schleunigst hinauszukomplimentieren, hielt die Ehefrau ihren Ehemann unter allerlei Vorwänden im Hause fest, viele Stunden lang, währenddessen der arme Kadi am Mahlstein stand und ihn drehte und drehte ... Erst spät am Abend, als auch das letzte Körnchen Getreide zu feinem Mehl geworden war, ließ die Ehefrau ihren Ehemann gehen, und nun konnte der Kadi endlich seine Kleider wieder anziehen und – zornerfüllt, mit schmerzendem Arm und schmerzender Schulter – ebenfalls das Haus verlassen.

Einige Tage später kaufte der Ehemann wieder Getreide und stellte es seiner Frau zum Mahlen hin. Da sie sich wiederum weigerte, es zu tun, lief der Mann erneut zum Kadi, um sich über sie zu beschweren, doch diesmal nahm er seine Frau gleich mit. Aber noch bevor er seine Klage hatte zu Ende bringen können, rief seine Frau: »O Kadi, du Sonne der Gerechtigkeit, du, der du alle anderen Männer an Weisheit, Klugheit und ... Lebenserfahrung übertriffst und deshalb besser weißt als sie, wie mühsam das Mahlen von Getreide ist, eine Arbeit, viel zu schwer für die geringen Kräfte einer schwachen Frau, befiehl diesem Mann, es den Müller tun zu lassen oder es selbst zu tun!«

Der Kadi, den immer noch Arm und Schulter schmerzten, überlegte nicht lange und gab der Frau recht, worauf ein wütender Ehemann, gefolgt von einer höchst zufriedenen Frau, den Gerichtssaal verließ.

Märchen aus Marokko

Von der Frau, die den Himmel betrog

In einer fernen Stadt im Osten gab es einst eine prächtige Moschee, die weithin im Lande berühmt war. Sie war über dem Grab des Sidi Barrani errichtet, der ein frommes und rechtschaffenes Leben geführt hatte und über dessen Lippen nie ein unwahres Wort gekommen war. Im Hof dieser Moschee entsprang eine Quelle, die in ein Becken von kostbarem Marmor gefaßt war und deren Wasser die wunderbare Eigenschaft besaß, die Wahrheit ans Licht zu bringen. Schwor nämlich jemand bei dieser Quelle, so blieb ihr Wasser ruhig, wenn er die Wahrheit gesprochen hatte. War es aber ein falscher Eid, so begann das Wasser zu brausen und zu wallen, stieg über den Beckenrand und benetzte den Boden der Moschee.

In jener Stadt nun lebte damals ein alter, reicher Kaufmann, der eine junge und schöne Frau besaß, die er über alles liebte und die er deshalb Tag und Nacht mit all seiner Zärtlichkeit umsorgte und verwöhnte, ohne ihr freilich das geben zu können, was eine Ehefrau von ihrem Ehemann zu erwarten berechtigt ist. Eines Tages fügte es sich, daß der Kaufmann in Geschäften für längere Zeit verreisen mußte, so daß seine junge Frau allein im Hause zurückblieb. Anfangs lebte sie stillvergnügt in den Tag hinein und freute sich, vor den andauernden Liebkosungen ihres alten Gemahls eine Zeitlang Ruhe zu haben. Dann aber zog in das Haus gegenüber dem ihren, das lange Zeit leer gestanden hatte, ein junger Mann ein, der war von so außergewöhnlicher Schönheit, daß sich die einsame junge Frau, die ihn von ihrem Fenster aus heimlich beobachtete, aufs heftigste in ihn verliebte. Durch Zeichen und Blicke kam es bald zu einer Verständigung zwischen den beiden, dann tauschten sie Briefe, die von der treuen Dienerin der Frau hin- und hergetragen wurden, und schließlich gelang es der jungen Frau sogar, den Wächter des Hauses, der ihrem Ehemann treu ergeben war, zu täuschen und den jungen Mann mit Hilfe ihrer Dienerin bei sich einzuschmuggeln. Die beiden jungen Leute genossen nun die Freuden der Liebe, und die junge Frau wurde reichlich für all das entschädigt, was sie bei ihrem alten Gatten so lange hatte entbehren müssen. Und durch die Liebe, die sie nun zum ersten Mal in so beglückender Weise empfing und gab, erblühte ihre Schönheit erst zur vollen Reife.

Eines Tages jedoch kehrte der Kaufmann von seinen Reisen zurück. Anfangs freute ihn die Veränderung, die er an seiner jungen Frau feststellte, aber dann wurde er mißtrauisch, denn der Wächter des Hauses hatte doch Verdacht geschöpft und seinem Herrn seine Vermutungen mitgeteilt.

Der alte Kaufmann stellte seine junge Frau zur Rede und fragte sie auf Ehre und Gewissen, ob sie ihn während seiner langen Abwesenheit auch nicht betrogen habe. Da schwor sie bei allem, was ihr heilig war, daß sie niemals einen anderen Mann als ihn auch nur angesehen habe! »Gut«, sagte der alte Kaufmann, »dann wollen wir morgen gemeinsam zu der wundertätigen Quelle gehen, damit ich sehe, ob du die Wahrheit gesprochen hast.« O weh! Als die junge Frau dies hörte, glaubte sie, nun sei sie verloren. Aber dann fiel ihr doch etwas ein, womit sie die Gefahr zu bannen hoffte. Sie schickte ihre Dienerin zu ihrem jungen Freund und ließ ihm ausrichten, er möge sich am folgenden Tag als Schuster verkleidet vor dem Tor der Moschee einfinden und dort einige Paare hübscher Schuhe zum Verkauf feilbieten. Sie ließ ihm außerdem noch mancherlei ausrichten, doch das soll hier nicht verraten werden!

Früh am nächsten Morgen machten der alte Kaufmann und seine junge Frau sich auf den Weg zur Moschee, die etwas außerhalb des Ortes am Abhang eines Hügels gelegen war. Unterwegs wußte es die junge Frau so einzurichten, daß von einem ihrer Schuhe der Absatz abbrach, so daß sie den Rest des Weges nur mühselig hinkend zurücklegen konnte.

Als sie nun zu der Moschee kamen, saß dort ihr junger Freund als Schuster verkleidet vor dem Tor und hatte allerlei schönes Schuhwerk mitgebracht und zum Verkauf ausgestellt. Die junge Frau bat ihren Mann, sich ein Paar neue Schuhe aussuchen zu dürfen, was er gern erlaubte. Um die Schuhe anzuprobieren, setzte sie sich auf einen Schemel, den ihr junger Freund, ihrem Geheiß vom Vortag zufolge, recht wackelig gewählt hatte. Sie bat ihn, er möge ihr bei der Anprobe helfen. Er tat es, doch als er einmal etwas fester zog, ließ sie sich mitsamt dem Schemel hintenüberfallen, wobei sie die Beine gen Himmel spreizte, so daß, da sie keine Unterkleider trug, allerlei zu sehen war, was nie hätte sichtbar werden dürfen! Kaum war sie wieder auf den Beinen, heuchelte sie einen furchtbaren Zorn und begann, den Schuster auf das übelste zu beschimpfen. Und sicher wäre sie sogar noch tätlich geworden, wenn nicht ihr Mann selbst sich zwischen sie und den Schuster gestellt hätte, um den Armen zu schützen! Der Schuster aber sprang davon, ohne noch auf die Bezahlung zu warten.

Als die junge Frau sich ein wenig beruhigt hatte, trat sie am Arm ihres Gemahls in den Hof der Moschee und stellte sich neben die Quelle. »Ich schwöre bei dieser Quelle«, so sprach sie, »daß das an mir, was eine Ehefrau nur ihrem Gemahl zeigen darf, in meinem ganzen Leben nie ein anderer Mann als mein Ehemann gesehen hat – und eben jener ungeschickte Schuster draußen vor dem Tor, den Gott dafür strafen möge!«

Da blieb das Wasser der Quelle ruhig, und der alte Kaufmann und seine junge Frau gingen beide vergnügt nach Hause.

Am nächsten Tag – so wird berichtet – war die Quelle versiegt. Denn schließlich hatte der Himmel sie den Menschen gegeben, um die Wahrheit ans Licht zu bringen, und nicht, damit listig-lüsterne junge Frauen die Wunderkraft des Wassers mißbrauchten, um ihre Ehemänner zu täuschen und ihre Untreue zu vertuschen!

Märchen aus Damaskus

Nachwort

der mensch hat nichts so eigen,
so wol steht ihm nichts an,
als dasz er treu erzeigen
und freundschaft halten kann.
Simon Dach (1605–1659)

Treue und Freundschaft sind die beiden Aspekte, unter denen die Märchen für diesen Band zusammengestellt wurden. Sie stehen im Titel nebeneinander, doch ist die erstgenannte Treue der übergeordnete und umfassendere Begriff: Treue ist ein Merkmal von Freundschaft und bezeichnet die Haltung der Beständigkeit und Anhänglichkeit, eine Haltung, die nicht um eigener Vorteile willen aufgegeben wird und auf die der andere deshalb vertrauen kann. Als Kennzeichen der Unverbrüchlichkeit ist Treue noch in vielen anderen Beziehungen enthalten. So zeigt sie sich zum Beispiel im persönlichen Bereich als Treue in der Liebe und in der Ehe, als Treue in der Familie zu Vater, Mutter oder den Geschwistern, darüber hinaus auch als Treue in Beruf und Arbeit, als Pflichttreue und Treue zum Dienstherrn.

Im Mittelalter verstand man unter Treue, der *triūwe,* vor allem das durch einen Vertrag oder einen Eid begründete gegenseitige Verhältnis von Gefolgsherrn und Gefolgsmann, von Lehnsherrn und Lehnsmann, aber auch von Mann und Frau. Der mittelhochdeutsche Vers »Dû bist mîn, ich bin dîn« – Anfangszeile des wohl ältesten deutschen Liebesgedichtes, der wir in einigen der »Kinder- und Hausmärchen« der Brüder Grimm wiederbegegnen –, war ursprünglich ein solcher Schwur, nämlich eine verbindliche und verbindende Trau- oder Verlobungsformel, ein rechtsgültiges Versprechen unverbrüchlicher Treue.

In der Verbindung mit *staete* (fest, festes Beharren) als Ausdruck *triūwe unde staete* oder in Zusammenstellung mit anderen Begriffen konnte in mittelalterlicher Zeit mit dem Begriff *triūwe* auch allein die menschliche Tugend der Treue und Beständigkeit gemeint sein, und man verstand darunter sowohl die Treue gegenüber anderen als auch die Treue zu sich selbst.

So hoch die Treue als Tugend auch zu bewerten ist, es darf nicht unberücksichtigt bleiben, wie sie gelebt wird: Wem wird Treue gelobt, und was verlangt sie von dem, der sie verspricht? Kann und darf Treue »unwandelbar« sein, da doch Menschen und Verhältnisse sich wandeln? Wann schlägt sie in Trotz und Starrsinn um, so daß sie zur Untugend wird?

Freundschaft tritt in vielen und immer wieder neuen Spielarten und Erscheinungsformen auf. Es ist unmöglich, sie knapp zu beschreiben oder ein für allemal zu definieren; einige ihrer charakteristischen Merkmale und schönsten Züge seien jedoch angeführt:

Freundschaft beruht auf der freiwilligen Entscheidung zweier Menschen füreinander. Sie ist auf Offenheit und Vertrauen gegründet und wird in gegenseitiger Treue gelebt. In der Freundschaft nimmt der eine den anderen mit seinen Eigenheiten und Schwächen an. Er verläßt ihn auch dann nicht, wenn er nicht mit ihm übereinstimmt oder ihn im Unglück sieht. Er steht ihm bei, selbst wenn er sich dadurch in Gefahr bringt oder ein Opfer von ihm verlangt wird.

In der Literatur erscheint Freundschaft meist als männliche Tugend und wurde, von frühester Zeit an, in einer

Vielzahl von Werken gestaltet. Zu den bekanntesten Freundespaaren gehören Siegfried und Gunther aus dem *Nibelungenlied* und, aus der Ballade *Die Bürgschaft* von Friedrich Schiller, die beiden Jünglinge Damon und Pythias.

Das Wort »Freund« ist ein vielschichtiger Begriff mit einer langen Geschichte. Es hat seine Wurzel im Germanischen und bezeichnete ursprünglich sowohl den Freund als auch den Liebenden/Geliebten und Verwandten und wurde in dieser Bedeutungsvielfalt bis in das 19. Jahrhundert hinein gebraucht.

Das Erlebnis treuer Freundschaft gehört zu den beglükkendsten Erfahrungen im menschlichen Leben. Als Grunderfahrung der Menschen spiegelt sie sich in vielen Märchen, denn Märchen sind Lebensgeschichten. Der (männliche oder weibliche) Märchenheld und seine Abenteuer stehen modellhaft für den Menschen und sein Schicksal in der Welt. Mangel, Not treiben den Märchenhelden von zu Hause fort. Er muß in die Welt, um den Mangel zu beheben; er muß mutige Taten vollbringen und schwere Aufgaben lösen, um sein Ziel zu erreichen, aber arm und schwach, wie er ist, wird er allein aus eigener Kraft dazu nicht imstande sein. Er ist auf Unterstützung, Rat und Hilfe angewiesen: Er braucht Freunde, und sie begegnen ihm in mancherlei Gestalt. Wie aber soll er herausfinden, ob sie es ehrlich mit ihm meinen?

Da das Märchen lebensklug und welterfahren ist, weiß es sehr wohl, wie schwer es ist, wahre Freunde von falschen zu unterscheiden. Die Geschichte *Von halber und von ganzer Freundschaft* ist ein eindrucksvolles lehrhaftes Beispiel für diese Thematik und leitet deshalb diesen Band ein. Sie ist in einer isländischen Sammlung aus dem Mittelalter zu finden und wurde wahrscheinlich nach mündlicher Erzählung des Jón Halldórsson im 14. Jahrhundert aus dem Gedächtnis aufgeschrieben. Die lateinische Quelle, der sie entstammt, ist die »Disciplina clericalis«, die erste abendländische Sammlung orientalischer Geschichten, die zu Beginn des 12. Jahrhunderts von dem spanischen Juden Petrus Alphonsi aus dem Arabischen übersetzt wurde. Wer aber war der Mann, der diese Quelle kannte und ihre Geschichten weitertrug?

Jón Halldórsson stammte aus Norwegen, zu dem Island in damaliger Zeit gehörte. Er wurde als junger Dominikanermönch von seinem Kloster zur Vervollkommnung seiner Studien ins Ausland nach Paris und Bologna geschickt und später, nachdem er Bischof geworden war, mit der Verwaltung eines Bistums in Island betraut. Er war ein hochgelehrter Mann und zudem mit großem erzählerischen Talent begabt. Die lateinische Literatur seiner Zeit kannte er gut. Er machte manche ihrer Stoffe in Island bekannt, so daß auf diese Weise Motive aus orientalischen Quellen, die die lateinische Literatur aufgenommen hatte, nach Island gelangten und Teil der dortigen Volksliteratur wurden.

In den »Gesta Romanorum«, einer im späten Mittelalter weitverbreiteten Exempelsammlung, findet sich als Nr. 129 ein Text, der ähnliche Züge wie die isländische Erzählung von halber Freundschaft aufweist. Der darin von drei Freunden erbetene Freundschaftsbeweis ist der gleiche, und auch dort wird der vorgeblich Hilfe Suchende, ein Königssohn, von denen enttäuscht, die er für seine wahren Freunde hält. Erst der dritte Freund läßt ihn in seiner Not nicht im Stich, doch von jenem hat der Jüngling es am wenigsten erwartet. So macht er zwar – wie der Sohn in der Erzählung aus Island – die schmerzliche Erfahrung, daß Freunde, die er als solche angesehen hat, keine sind, entdeckt zu seinem Trost aber zugleich, daß sich einer als wahrer Freund erweist, den er bislang verkannt hat.

Die zweiteilige Geschichte von ganzer Freundschaft, die der Vater dem Sohn erzählt, entwirft das Bild einer idealen Freundesbeziehung, in der beide ihre Treue unter Beweis stellen: Der eine tritt dem anderen die Braut ab und stellt somit die Freundschaft über die Liebe; der andere will sich anstelle des Freundes zum Tode verurteilen lassen und stellt damit die Freundschaft über das Leben. Auch diese Geschichte ist, als Nr. 171, in die »Gesta Romanorum« eingegangen und nennt in ihrem ersten Satz sogar, in schöner arabischer Tradition, den Namen des Überlieferers Petrus Alphonsi.

Von dem getreuen Halten eines Versprechens erzählt die dramatische Geschichte der Bürgschaft eines Freundes für den andern, wie sie später ähnlich von Friedrich Schiller in der eingangs erwähnten Ballade gestaltet wurde. Erstaunlich aber, daß es sich bei den beiden, die sich in dieser Geschichte die Treue halten, nicht um Menschen edler Gesinnung handelt, sondern um Übeltäter, ja Mörder! Um so verblüffender das Geschehen, weshalb der beteiligte Richter davon so beeindruckt ist, daß er wie der Tyrann in Schillers Ballade die Todesstrafe aufhebt und sich obendrein beider Räuber annimmt.

Die zwei Freunde in *Der Kaisersohn und der Schusterssohn*, deren Geschichte in manchen Zügen an das Märchen *Der treue Johannes* der Brüder Grimm (KHM 6) erinnert, stehen trotz Anfeindung und Versuchung treu zueinander, bis das Mißtrauen des einen das Unglück der Verwandlung des anderen zu Stein heraufbeschwört. Der Bruch der Treue, der in dem mangelnden Vertrauen des einen liegt, wird durch seine spätere Opferbereitschaft jedoch aufgehoben und bewirkt die Erlösung des Freundes: Wahre Freundschaft erweist sich als verlebendigende Kraft. Im Gegensatz zu dem Märchen *Der Kaisersohn und der Schusterssohn* wird in dem Grimmschen Märchen wie auch in vielen seiner Varianten die Tötung der Kinder vollzogen und so die Gesinnung des Freundes sichtbar gemacht, jedoch ist der Tod der Kinder nicht endgültig. Sie erhalten ihr Leben auf wunderbare Weise zurück, denn »solche Treue«, sagt der treue Johannes, »soll nicht unbelohnt bleiben«.

Ein bewegendes Beispiel für eine Variante, die außereuropäischer Erzähltradition entstammt, ist die Erzählung *Freundestreue* aus Nord-Nigeria. Der Afrikanist Thomas Geider hat sie während einer mehrmonatigen Feldforschung bei den Kanuri aufgezeichnet, vor Ort transkribiert und übersetzerisch bearbeitet. Dies geschah im Rahmen eines Forschungsprojektes der Universitäten Frankfurt am Main und Maiduguri, in dessen Mittelpunkt die sprach- und kulturgeschichtlichen Beziehungen im Tschadseeraum standen, dessen linguistische Erforschung bereits um 1850 begann. Die Kanuri zählen etwa vier Millionen Menschen. Sie sprechen eine saharanische Sprache, die Ende der 1970er Jahre eine moderne Orthographie erhielt und seither in den Schulen und der Universität gelehrt wird. Im ländlichen Raum ist das mündliche Erzählen noch durchaus lebendig. Männer erzählen eher moralische Geschichten, während Frauen und Jugendliche Warnmärchen und Geschichten mit magischen und satirischen Inhalten bevorzugen. So ist *Freundestreue* in einer Runde von Männern erzählt worden, deren andere große Themen die listige Untreue, aber auch ehrliche Treue der Ehefrauen sind. Im zentralen Motiv der Opferung des Sohnes für einen Freund und der magischen Wiederbelebung des Kindes mag man das Motiv von Abrahams Opferung seines Sohnes an Gott wiedererkennen (Genesis 22), ein Motiv, das auch der Islam kennt, der unter den Kanuri schon seit nicht weniger als tausend Jahren verbreitet ist. Die *Ahle,* welche die Ehefrau dem von ihr umworbenen Freund ihres Mannes gibt, ist ein Alltagswerkzeug, das in jedem Haushalt zu finden ist. Sie besteht aus einem stricknadelähnlichen Metallteil mit einem Holzgriff und wird zum Beispiel zum Haareflechten verwendet. Der *Teich*, in dem das wieder lebendig gewordene Kind gefunden wird, ist ein künstlich angelegtes rundes Becken mit Lehmwänden, in dem das Wasser eines austrocknenden Flusses gestaut wird.

Sonnenschein und Mondenschein: Der Titel nennt die Namen der beiden Helden des gleichnamigen Märchens; sie sind Halbbrüder, die einander herzlich lieben, so daß weder Neid noch Eifersucht sie entzweien kann. Ohne Bitterkeit erkennt Mondenschein die Vorrangstellung des Älteren an, und alles geschieht, wie es geschehen soll, ohne daß ein Schatten auf ihre Freundschaft fällt. In der Johannisnacht, der Nacht um die Zeit der Sommersonnenwende, wenn die Sonne ihren höchsten Stand erreicht hat, erscheinen die Urmen als gute Feen, um die Brüder zu beschenken. Diese Nacht wird nicht allein im Volksglauben der sogenannten Zigeuner, der Roma, sondern bei vielen Völkern als Nacht der Wunder und des Zaubers angesehen. Aus dem ursprünglich heidnischen Mitsommerlichtfest wurde in christlicher Überformung das Geburtsfest Johannes des Täufers, des Vorläufers Christi. Ihm, dessen Geburtstag genau ein halbes Jahr vor dem als Geburtstag Jesu gefeierten 24. Dezember liegt, in der Zeit also, da die Sonne ihren niedrigsten Stand erreicht hat, wird das Wort zugeschrieben: »Ich muß abnehmen, ER aber muß zunehmen.« Eine Richtung der Märcheninterpretation sieht in den Märchenfiguren nicht verschiedene Personen, sondern unterschiedliche Aspekte einer Persönlichkeit. Macht man sich diese Sichtweise für das Märchen *Sonnenschein und Mondenschein* zu eigen, so ergibt sich eine besondere Deutungsmöglichkeit für die Verheiratung der Königstochter mit beiden Halb-Brüdern: Indem sie beide heiratet, trennt sie nicht einen (Aspekt) vom anderen; sie strebt nach Ganzheit.

Die beiden Märchen *Die Rehprinzessin* und *Leila und Keila* erzählen von der treuen Freundschaft zwischen Frauen. Es gibt zahlreiche Märchen dieser Thematik, jedoch sind sie längst nicht so bekannt wie jene, in denen Bosheit und Mißgunst die Beziehung der Frauen zueinander charakterisieren, seien es Mutter und Tochter oder Schwestern, Herrin und Dienerin oder Freundinnen.

Der Rehprinzessin beschert nicht allein das gütige Märchenglück die treue Freundin; sie prüft lange klug und umsichtig, bis sie ein Mädchen findet, dem sie trauen kann. Gern würde dieses Mädchen ihr später noch einen größeren Dienst erweisen, als nur ihre Stellvertreterin an der Seite des jungen Königs zu sein, doch ist die Erlösung nicht ihr, sondern dem männlichen Partner aufgegeben.

Leila und Keila, die beiden jungen Mädchen in dem gleichnamigen Märchen, sind zwei Freundinnen, wie sie, dem Äußeren nach, unterschiedlicher nicht sein können. Leila stellt die ihr von der Natur gegebene Schönheit in den Dienst der Freundin, und der Schleier behindert hier einmal nicht, sondern bietet Schutz und verhilft dem listig ausgedachten Plan zum Erfolg. Wie anders als mit kluger List und verführerischer Schönheit, also mit den sprichwörtlichen »Waffen der Frauen«, wäre dem mächtigen Statthalter denn auch beizukommen gewesen? Obwohl zu Europa gehörig, war Malta aufgrund seiner besonderen geographischen Lage stets auch Einflüssen aus der arabischen Welt ausgesetzt, die seine Sprache und Kultur und somit auch seine Volksliteratur prägen. Ein Märchen aus Antakiya, einem Teil der südlichen Türkei, in dem bis heute Arabisch gesprochen wird, erzählt die beinahe identische Geschichte zweier Freundinnen mit Namen Dschemile und Dschelile*. Ein anderes ausgefallenes Beispiel für die Solidarität unter Frauen findet sich in einer Variante des Märchens *Der Pilger*, die Ulrich Jahn in den Anmerkungen zu diesem von ihm gesammelten Märchen in seinem Band »Volksmärchen aus Pommern und Rügen« verzeichnet hat: Der älteste Sohn des Königs von Holland nimmt eine reiche Grafentochter zur Gemahlin, während der jüngste die Tochter eines armen Besenbinders heiratet: »Und das ganze Volk hatte seine junge Königin ... von Herzen lieb, und damit sie bei der Hochzeit der reichen Grafentochter nicht nachstehe, legten alle Frauen in Holland ihr Scherflein zusammen und ließen von dem Gelde ein großes Mannwar (Kriegsschiff) bauen. Das war der jungen Königin Hochzeitsgut, und damit war sie reicher geworden als ihre Schwägerin.« Durch dieses Kriegsschiff wird die junge Königin später aus Lebensgefahr errettet.

Da die Märchenwelt keine heile Welt ist und die Wirklichkeit gerade in ihren Brüchen und ihrer Grausamkeit spiegelt, erlebt auch der Märchenheld Treulosigkeit und Verrat bis hin zum Anschlag auf sein Leben.

Der *Drachentöter* weckt mit seiner erfolgreichen Tat den Neid der Freunde, die ihn daher, im wahren Sinn des Wortes, ins Verderben stürzen, ihn zu töten versuchen. Die Märchenwelt ist aber auch die Welt des selbstverständlichen Wunders, und so taucht aus dem Nichts ein Retter auf, ein Fuchs. So listig, gerissen, betrügerisch der Fuchs auftritt, wenn wir ihm in Fabel und Tiermärchen begeg-

* siehe *Die hilfreiche Freundin* in dem Band »Orientalische Frauenmärchen«, herausgegeben von Hannelore Marzi.

nen, im Zaubermärchen ist seine Lieblingsrolle die des Helfers des Helden, man denke nur an den treuen Fuchs in dem Grimmschen Märchen *Der goldene Vogel* (KHM 57). So kommt denn alles zum glücklichen Ende, allerdings nicht für die treulosen Freunde. Sie ereilt die gerechte Strafe, wobei das Märchen in der Wahl der Todesart alten Rechtsgewohnheiten folgt. Als Gemahl der Königstochter gehört der Drachentöter gleichsam zur königlichen Familie, und Verbrechen gegen deren Mitglieder wurden mit Zerstückeln und Vierteilen gesühnt, denen das Zerreißen durch Pferde entspricht.*

In dem Märchen *Der Blinde und die falschen Freunde* nimmt der Verlassene und Betrogene die Rache selbst in die Hand. Habgier war der Grund, daß die Freunde ihm nicht geholfen haben; Habgier bringt ihnen den Tod.

Die weiße Amsel ist im Volksglauben ein Symbol für etwas sehr Seltenes, schwer zu Erlangendes. Wer ausgeschickt wird, sie zu holen, hat eine schwierige Aufgabe zu lösen; sie wird ihm leichter fallen, wenn er Unterstützung bekommt, zumal dann, wenn mißgünstige Brüder sie ihm verweigern. Im Märchen *Die weiße Amsel* erwirbt sich der Held die nötige Unterstützung durch die Barmherzigkeit, die er einem toten Bauern bezeigt. In Gestalt eines Bären begleitet ihn dieser »dankbare Tote« fortan und erweist sich als ein geduldiger, treuer Freund, der auch dann seine Hilfe nicht aufkündigt, wenn seine Ratschläge nicht befolgt werden und der Held dadurch in immer neue Schwierigkeiten gerät. In seiner Langmut erinnert der Bär an den Fuchs aus dem erwähnten Grimmschen Märchen. Am Schluß des Märchens *Die weiße Amsel* steht noch einmal eine Bewäh-

* siehe Maennersdoerfer, Maria Christa: Schicksal und Wille in den Märchen der Brüder Grimm. Diss. Bonn 1965.

rungsprobe: Der Held hat mit Hilfe des Bären alle seine Ziele erreicht, da erscheint der Bär noch einmal vor ihm und verlangt, daß er ihm sein Liebstes, sein Kind, gebe. Erst als er dieses Vertrauen aufbringt und dem Bären das Kind in den Arm legt, ist die Erlösung vollendet. »Durchs Fenster flog's hinaus ...« In diesem Bild drückt sich die alte Vorstellung von der Seele als Vogel oder dem Seelenvogel aus; die Seele ist befreit und fliegt davon.

Der Hahn mit den Goldfedern: Der Titel nennt den Helfer, der sich durch sein Aussehen und seine Wundergabe als Jenseitiger ausweist. Zwar macht der liebenswürdige Held des Märchens durch die Gabe sein Glück und gewinnt in der dankbaren Prinzessin eine Gemahlin, die ihn von ganzem Herzen liebt, doch ohne das fürsorgliche Eingreifen des Hahnes wäre es schlecht für ihn ausgegangen.

Das Märchen *Der Ahornbaum* entspricht dem Märchen *Der singende Knochen* der Brüder Grimm (KHM 28). Die Eifersucht und der Neid der älteren Schwestern sind so stark, daß sie selbst vor dem Mord an der jüngsten nicht zurückschrecken. Während das Grimmsche Märchen zu den wenigen Märchen mit schlechtem Ausgang gehört, schließt *Der Ahornbaum* glücklicher: Das Mädchen gewinnt leibliche Gestalt und Leben zurück.

Eine bittere Erfahrung ist es, wenn Dinge geschehen – unbedacht, willentlich oder schicksalhaft –, die eine Fortsetzung der Freundschaft für einen der beiden unmöglich erscheinen lassen, so daß die Freundschaft zerbricht. *Ein Schmerz, der nicht vergeht* sowie *Der Mensch und der Bär* erzählen hiervon. Im Türkischen und auch im Serbischen gibt es ein Sprichwort, das auf den Schmerz der Schlange im erstgenannten Märchen Bezug nimmt. Es wird benutzt, um auszudrücken, daß man nicht vergessen kann, was einem durch den Freund widerfuhr, und die Freundschaft deshalb zu Ende ist.

Daß Brüder nicht immer freundschaftlich-brüderlich miteinander umgehen, haben frühere Beispiele bereits gezeigt. In dem Märchen *Von den drei Brüdern, die in die Welt gehen* dauert das gute Einvernehmen zwar lange Zeit an, aber dann werden die drei zu Konkurrenten in einem Streitfall, der ihre Harmonie zerstört. Es gibt jedoch auch Märchen, welche von brüderlicher Liebe handeln, die solcherart Belastungen aushält und sich nicht nach Vorrang und Vorteil bemißt: In *Die drei Brüder* schmälert die Entscheidung des Vaters die gegenseitige herzliche Verbundenheit der Brüder nicht; in *Das Feld der Bruderliebe* kreisen Denken und Trachten beider Brüder um das Wohl und Wohlergehen des jeweils anderen; die Freude des einen ist die Freude des anderen.

Die folgenden Märchen erzählen von der Treue, wie sie sich, auf vielfältige Weise, noch in anderen als Freundschaftsbeziehungen zeigt, zuerst und vor allem in der Liebe:

In dem walisischen Märchen *Der Schwarze Stein von Arddu* gerät der Held am Ende in den Konflikt, sich für das Mädchen, das er liebt, oder für den Freund entscheiden zu müssen. Es ist nur scheinbar eine Wahl zwischen Liebe und Freundschaft, da die von ihm Geliebte ihre Entscheidung für ihn von einer Bedingung abhängig macht; wahre Liebe aber ist bedingungslos. Als sie ihren Stolz überwindet, ist es zu spät: Das Schicksal hat sich erfüllt, und er wendet sich in Verantwortung dem Freund zu.

Der Padischah der dreißig Peris und *Der junge Bauer und die weiße Schwänin* wie auch die beiden folgenden Märchen *Des Totengräbers Sohn* und *Der Sohn des Kaufmanns* sind Beispiele gegenseitiger treuer Liebe. Schon der Titel des erstgenannten weist auf seine Herkunft aus dem

Orient hin: »Padischah« ist ein persischer Fürstentitel, eine Bezeichnung für den Herrscher, König oder Kaiser, die im Osmanischen Reich für die Sultane gebräuchlich war; »Peris« sind, nach iranischer Überlieferung, meist weibliche, überaus schöne feenartige Wesen, die sich verwandeln können und oft die Gestalt von Vögeln annehmen. Sie suchen die Nähe der Menschen und scheuen auch vor Entführungen nicht zurück. Ist die Taubengestalt des Prinzen Folge einer Verzauberung, so deutet die Tiergestalt der Schwanenfrau im nachfolgenden Märchen auf ihre Herkunft aus einer anderen Welt hin. Aus Liebe nimmt sie menschliche Gestalt an, aus Liebe gibt ihr Mann diese Gestalt auf. Im letztgenannten Märchen vom Sohn des Kaufmanns tritt noch einmal das Motiv des dankbaren Toten auf, der hier in der Gestalt eines Vogels erscheint, also in der Gestalt, die man sich als die unmittelbare Verkörperung der Seele vorstellte. In früheren literarischen Gestaltungen des Märchenstoffes liebt der Held ebenfalls zwei Frauen, von denen er eine heiratet. Der Tübinger Orientalist und Volkskundler Ernst Meier (1813–1866), der das Märchen nach mündlicher Mitteilung in Schwaben aufgezeichnet hat, ließ sich dadurch zu einer Liebesgeschichte anregen, in der er das Thema der glücklichen Verbindung eines Mannes mit zwei Frauen aufgreift und in einer Weise gestaltet, die märchenhaft-utopische Züge trägt.*

Was geschieht, wenn Liebe und Treue in Frage gestellt werden, wenn Zweifel daran aufkommen oder gesät werden? Ist

* Meier, Ernst: Das Rösle von Seebronn. Eine Liebesgeschichte aus dem Biedermeier und andere unterhaltsame Texte. Hrsg. von Hermann Bausinger. Stuttgart/Wien 1990.

das Vertrauen stark genug, sich davon nicht beirren, sich vom Anschein nicht täuschen zu lassen?

In dem Märchen *Der reuige Fischer* treibt das Mißtrauen des Mannes die treue Frau in den Tod. Ihren Beteuerungen hat er keinen Glauben geschenkt, selbst ihr Tod rührt ihn nicht; erst ein sicherer Beweis überzeugt ihn von der Unschuld seiner Frau.

In der Erzählung *Eine Geschichte von der Insel Tarama* bewirkt der plötzliche Gedanke an den Lehrspruch, daß der heimkehrende Edelmann Minema seinen Zorn zügelt. Der kluge Rat, den der Spruch erteilt, bringt ihn dazu, sich zu vergewissern, ob der Augenschein ihn nicht trügt, und es rettet ihn, daß er sein verständliches Mißtrauen »umlenkt«, so daß es sich nicht mehr gegen seine Frau richtet, sondern gegen seine allzu schnelle Deutung der Situation. Die Erzählung wurde von dem japanischen Literaturwissenschaftler und Volkskundler Anko Sadoyama auf den Miyako-Inseln gesammelt, einer südlich von Japan gelegenen Inselgruppe, die ehemals Teil eines eigenen Königreichs war. Ende des 19. Jahrhunderts wurde sie jedoch dem japanischen Kaiserreich eingegliedert und gehört bis heute zur Präfektur Okinawa. Die aus Deutschland stammende Germanistin und Biologin Rotraud Saeki hat den Text übersetzt. Rotraud Saeki lebt seit mehr als dreißig Jahren als Dolmetscherin und Übersetzerin in Japan; ihr besonderes Interesse gilt der Volksliteratur. Während eines Besuchs der Miyako-Inseln lernte sie den dort geborenen Anko Sadoyama kennen, der schon als Kind von seiner Großmutter, einer Schamanin, lokale Märchen hörte und es sich nach Abschluß seines Studiums zur Aufgabe machte, Märchen und Sagen seiner Heimat zu sammeln. Damit die alten Traditionen der Inseln nicht in Vergessenheit gerieten, gründete er eine Vereinigung zu deren Bewahrung, die bis heute tätig ist und in der Rotraud Saeki mitarbeitet. Die Bewohner der Miyako-Inseln gehören zwar derselben Volksgruppe an wie die Japaner, sind aber, was die Entwicklung ihrer Sprache und Kultur betrifft, einen »vergleichsweise selbständigen Weg gegangen«, wie Rotraud Saeki sagt. »Besonders in der Kultur ist der Einfluß von China und Südostasien zu spüren. Als Religionen sind Buddhismus und Shintoismus vertreten; auffallend ist aber eine Lokalreligion, vielleicht am einfachsten als Schamanismus, vermischt mit den Elementen des Ur-Shintō, zu erklären ... Die subtropische Natur [der Inseln] ist allgegenwärtig mit überreichem Pflanzenwuchs, dem Meer und den Naturgewalten. Diese Natur hat viele Märchen und Sagen genährt, und bis auf den heutigen Tag werden diese von Märchenerzählerinnen vorgetragen, ... [jedoch] sind die meisten hochbetagt, und etwaige Nachfolger, die das Märchengut mündlich weitergeben könnten, finden sich kaum.«

Obwohl doch der Goldschmied den »Schombadissel« (= Jean Baptiste) schon viele Jahre kennt und ihm mit der Zeit zum väterlichen Freund wurde, ist ihm der in dessen Schrank gefundene Ring Beweis genug, daß der Schombadissel der Dieb ist. Einzig das Mariele glaubt nicht an seine Schuld, und spät wird der Vater erkennen, daß ihr Vertrauen gerechtfertigt war.

Daß der junge Graf in dem Märchen *Das Goldpantöffelchen* unbeirrbar an die Liebe und Treue seiner Frau glaubt und ihr gegen allen Anschein vertraut, verdient noch größere Bewunderung als die Klugheit und List, mit der es ihr gelingt, den Minister des Betrugs zu überführen: Wer vertraut, läuft Gefahr, enttäuscht zu werden; Vertrauen erfordert Mut, doch wer den Mut dazu nicht aufbringt, wird das Glück bestätigten Vertrauens nicht erleben.

Warum wird Treue gebrochen? Die Gründe sind vielfältig:

In dem Märchen *Die kluge Königin* verstößt der König seine Frau, da er die Hilfe, die sie einem Bauern gegeben hat, als Bruch ihrer Treue zu ihm als ihrem Herrn und Gemahl versteht. Aber Treue bedeutet nicht, dem anderen auch in seinen Irrtümern zu folgen. Aus Gerechtigkeitssinn kündigt sie ihm dieses eine Mal die Treue. So verhindert sie, daß er sich einer Ungerechtigkeit schuldig macht, und bleibt auf diese Weise auch sich selber treu. Als sie ihn als ihr »Liebstes, was sie im Schloß hat« in ihr Häuschen mitnimmt, erkennt er, welch kluge, treue Frau er hat, und versichert sie seiner Liebe und Achtung. In *Die kluge Bauerntochter* (KHM 94), der Grimmschen Variante dieses Märchens, bekräftigt der König seine Liebe am Ende mit den Worten des mittelalterlichen Treueschwurs: »Er sagte: ›Liebe Frau, du sollst mein sein und ich dein‹, ... und ließ sich aufs neue mit ihr vermählen.«

In *Der Wahrhafte* erliegt der Hirt Travaglino zwar den Verführungskünsten der Schwägerin seines Herrn, doch geht ihre Rechnung nicht auf: Zur Unwahrheit läßt er sich nicht verführen. Er gesteht seine Verfehlung, damit keine Lüge zwischen ihm und seinem Herrn stehe, und bleibt so sich selber und seinem Herrn treu.

Der verräterische Diener: Aus Habgier betrügt der Diener seinen Herrn. Er zerstört dessen Leben und verstößt in verbrecherischer Weise gegen die ihm auferlegte Treuepflicht, die darin besteht, zum Wohl seines Herrn zu handeln und Schaden von ihm abzuwenden.

Der Treuepflicht des Dieners oder Knechtes gegenüber dem Herrn entspricht die Fürsorgepflicht des Herrn im Verhältnis zu den ihm Untergebenen. In dem Märchen *Der Müllerknecht und seine treuen Gefährten* kommt der hartherzige Müller seiner Pflicht nicht nach und verweigert seinem alten Knecht sogar den ihm zustehenden Lohn.

Ein Dienstmädchen und ein Knecht, so erzählt *Der schwarze Pudel*, müssen sich trennen, obwohl sie sich lieben, und versprechen einander lebenslange Treue. Der Knecht wird königlicher Diener und schließlich König und vergißt die Braut und das gegebene Versprechen; in seinem neuen strahlenden Leben ist kein Platz mehr für Gedanken an das alte: »Wie stürmisch ist das Meer der Gleichgültigkeit!« (Stanisław Jerzy Lec). Die Strafe für den Treuebruch fällt härter aus, als sie in der Verschreibung niedergelegt ist; sie besteht nicht nur aus der späteren Schändung des Leichnams durch den Pudel, sondern kostet den Treulosen auch das Leben.

Lumpenrock ist ein Beispiel für die falschverstandene Treue eines Vaters zu seiner verstorbenen Tochter. Anstatt die Sorge für die Enkelin als Vermächtnis seiner Tochter zu betrachten und sich deren Kind liebevoll zuzuwenden, verbringt er sein Leben in starrsinnig stumpfsinniger Trauer und straft sich damit selbst. Zum Glück stellt das Märchen dem »Aschenputtel« einen geheimnisvollen treuen Freund und Beschützer an die Seite, so daß alles zu einem guten Ende kommt.

Zum vergnüglichen Schluß des Bandes zwei Märchen, die auf heitere Weise von versuchter Verführung zur Untreue und Treueproben erzählen:

In *Die Frau und der Kadi* wehrt eine Frau den Angriff auf ihre Treue mit kluger List ab und erteilt dem einflußreichen Kadi eine Lehre, ohne ihn bloßzustellen.

Die List, mit der die junge Frau die Treueprobe in *Die Frau, die den Himmel betrog* besteht, ähnelt der im Tristanroman erzählten List Isoldes; sie wird hier wie dort angewandt, um durch ein Gottesurteil als unschuldig zu erscheinen. Das arabische Märchen geht spielerisch-respektlos mit dem Motiv um und benutzt es als Warnung vor den Ränken der Frauen: Wenn nicht einmal der Himmel ihre Listen zu durchschauen vermag, wie sollte es dann ihren (Ehe-) Männern gelingen?

In den Märchen der vorliegenden Sammlung sind sicher nicht alle Aspekte von Treue und Freundschaft zu finden, die es gibt. Der Grund liegt nicht allein darin, daß die beiden Begriffe facettenreich sind und alle ihre Facetten durch Beispiele zu belegen den Rahmen dieses Bandes gesprengt hätte, er liegt auch im Märchen selbst: Das Märchen ist komplex und vielschichtig; es verknüpft vielerlei Motive miteinander zu immer wieder neuen und überraschenden Varianten, die eine jede ihre eigene Poesie, Stimmung, Wirkung hat: Das machte mir die Auswahl schwer.

Zum allerletzten Schluß möchte ich für die großzügige Erlaubnis danken, das Archiv der Enzyklopädie des Märchens in Göttingen zu benutzen. Außerdem danke ich Herrn Wolfgang Schultze, Achern, der mir, vor vielen Jahren, seine reiche Bibliothek zur ungestörten Arbeit zur Verfügung stellte, und Frau Ursula Schultze, die mich nach der Arbeit freundlich einlud, am gedeckten Tisch Platz zu nehmen. Ganz besonders herzlich danke ich Frau Rotraud Saeki, Hiroshima (Japan), und Herrn Dr. Thomas Geider, Köln, für die mir von ihnen für diesen Band zur Verfügung gestellten Texte und ihre Bereitschaft zu Gespräch und ausführlicher Korrespondenz.

Hannelore Marzi

Quellenverzeichnis

Von halber und von ganzer Freundschaft

Gering, Hugo: Islendzk Æventyri. Isländische Legenden, Novellen und Märchen. Zweiter Band: Anmerkungen und Glossar. Halle a. S. 1883.

Von dem getreuen Halten eines Versprechens

Gräße, Johann Georg Theodor: Das älteste Mährchen- und Legendenbuch des christlichen Mittelalters, oder die Gesta Romanorum. 2. Ausg. Dresden/Leipzig 1847.
Von Hannelore Marzi bearbeitet.

Der Kaisersohn und der Schusterssohn

Aus der Sammlung Sigrid Früh, der es 1991 von dem 11-jährigen Franz in der Hauptschule Ost in Saarbrücken erzählt wurde; Franz hatte das Märchen von seiner französischen Großmutter gehört.

Freundestreue

Erzählung der Kanuri, vorgetragen von dem Erzähler Goni Bomari und aufgezeichnet von Thomas Geider. Dar el-Jaamal, Borno State, Nigeria, 1993.
Aus dem Englischen übersetzt von Hannelore Marzi.

Sonnenschein und Mondenschein

Wlislocki, Heinrich von: Volksdichtungen der siebenbürgischen und südungarischen Zigeuner. Wien 1880.

Die Rehprinzessin

Grundtvig, Svend/Strodtmann, Adolf: Volksmärchen der Dänen. Stuttgart o. J.

Von Hannlore Marzi bearbeitet.

Leila und Keila

Stumme, Hans: Maltesische Märchen, Gedichte und Rätsel in deutscher Übersetzung. Leipziger semitistische Studien. I. Band, Heft 5. Leipzig 1904.

Von Hannelore Marzi bearbeitet.

Der Drachentöter

Decurtius, Caspar: Märchen aus dem Bündner Oberlande. Chur 1874.

Der Blinde und die falschen Freunde

Wlislocki, Heinrich von: Märchen und Sagen der Bukowinaer und Siebenbürger Armenier. Hamburg 1891.

Die weiße Amsel

Pramberger, Romuald: Märchen aus der Steiermark. Seckau o. J.

Der Hahn mit den Goldfedern

Meier, Ernst: Deutsche Volksmärchen aus Schwaben. Stuttgart 1852.

Der Ahornbaum

Sklarek, Elisabet: Ungarische Volksmärchen. Leipzig 1901.

Von Hannelore Marzi bearbeitet.

Ein Schmerz, der nicht vergeht

Demircioğlu, Yusuf Ziya: Yürükler ve köylülerde hikâyeler, masallar. İstanbul 1934.

Aus dem Türkischen übersetzt von Hannelore Marzi.

Der Mensch und der Bär

Krauss, Friedrich S.: Tausend Sagen und Märchen der Südslaven. Band I. Leipzig o. J.

Von den drei Brüdern, die in die Welt gehen

Schmidt, Friedrich Wilhelm Val.: Märchensaal. Die Märchen des Straparola. Berlin 1817.

Die drei Brüder

Kinder- und Hausmärchen der Brüder Grimm. Ausgabe letzter Hand. Göttingen 1857.

Das Feld der Bruderliebe

Kanner, Israel Zwi (Hrsg): Jüdische Märchen. © Fischer Taschenbuch Verlag GmbH, Frankfurt am Main 1976.

Der schwarze Stein von Arddu

Rodenberg, Julius: Ein Herbst in Wales. Land und Leute, Märchen und Lieder. Hannover 1857.

Der Padischah der dreißig Peris

Text in osmanischer Transkription: Oszmán-török népköltési gyüjtemény. I. kötet: Oszmán-török népmesék. Szóbeli közlés után gyüjtötte Dr. Kúnos Ignácz. [Sammlung osmanisch-türkischer Volksdichtungen. I. Band: Osmanisch-türkische Volksmärchen. Nach mündlicher Mitteilung gesammelt und übersetzt von Dr. Ignáz Kúnos.] Budapest 1887. *Deutsche Übersetzung:* Türkische Volksmärchen aus Stambul. Gesammelt, übersetzt und eingeleitet von Dr. Ignáz Kúnos. Leiden o. J. [1905].

Unter Einbeziehung der vom Originaltext stark abweichenden deutschen Fassung aus dem Osmanischen übersetzt von Hannelore Marzi.

Der junge Bauer und die weiße Schwänin

Nach mündlicher Erzählung einer Aussiedlerin aus Litauen von Sigrid Früh 1985 aufgezeichnet.
Von Hannelore Marzi bearbeitet.

Des Totengräbers Sohn

Busch, Wilhelm: Ut ôler Welt. Volksmärchen, Sagen, Volkslieder und Reime. München 1910.

Der Sohn des Kaufmanns

Meier, Ernst: Deutsche Volksmärchen aus Schwaben. Stuttgart 1852.

Der reuige Fischer

Wlislocki, Heinrich von: Märchen und Sagen der transsilvanischen Zigeuner. Berlin 1886.
Titel im Original: *Der treue Fischer.*

Eine Geschichte von der Insel Tarama

Märchen und Sagen von den Miyako-Inseln. Herausgegeben und übersetzt von Rotraud Saeki. OAG (= Deutsche Gesellschaft für Natur- und Völkerkunde Ostasiens), Taschenbuch Nr. 76. Tōkyō, Japan, 2000.
Titel im Original: *Mincma-utaki no ohanashi.*

Der Schombadissel

Merkelbach-Pinck, Angelika: Lothringer Volksmärchen. Kassel o. J.

Das Goldpantöffelchen

Guelbenzu, José María (Hrsg.): Spanische Hunger- und Zaubermärchen. Übersetzt von Susanne Lange. Nach der Edition Cuentos Populares Españoles. © José M. Guelbenzu, 1996/1997. © Ediciones Siruela, Madrid, 1996/1997. Alle Rechte der deutschen Ausgabe: © Eichborn AG, Frankfurt am Main 2000.

Die kluge Königin

Lemke, E.: Volksthümliches in Ostpreußen. Zweiter Theil. Mohrungen 1887.

Der Wahrhafte

Schmidt, Friedrich Wilhelm Val.: Märchensaal. Die Märchen des Straparola. Berlin 1817.
Von Hannelore Marzi bearbeitet.

Der verräterische Diener

Wenzig, Joseph: Westslawischer Märchenschatz. Leipzig 1857.

Der Müllerknecht und seine treuen Gefährten

Meier, Ernst: Deutsche Volksmärchen aus Schwaben. Stuttgart 1852.
Titel im Original: *Der Räuber und die Haustiere.*

Der schwarze Pudel

Lemke, E.: Volksthümliches in Ostpreußen. Zweiter Theil. Mohrungen 1887.

Lumpenrock

Jacobs, Joseph: More English Fairy Tales. London 1894.
Aus dem Englischen übersetzt von Hannelore Marzi.

Die Frau und der Kadi

Légey, Françoise: Contes & légendes populaires du Maroc. Paris 1926.
Aus dem Französischen übersetzt von Hannelore Marzi.

Von der Frau, die den Himmel betrog

Die sieben Schlösser des Melik Schah. Orientalische Märchen. Erzählt von Hagg Omar el Bekaai. Aufgeschrieben und bearbeitet von Hugo Lindemann. Leipzig und Weimar 1977.

Verwendete Literatur in Auswahl

Amis und Amiles. *Geschichte einer Freundschaft am Hofe Karls des Großen.* Altfranzösisches Epos. Übertragen und eingeleitet von Inge Vielhauer. Amsterdam 1979.

Brüder Grimm: *Kinder- und Hausmärchen.* Nach der Großen Ausgabe von 1857. Textkritisch revidiert, kommentiert und durch Register erschlossen. Hrsg. von Hans-Jörg Uther. 4 Bände. München 1996.

Derrida, Jacques/de Montaigne, Michel: *Über die Freundschaft.* Frankfurt am Main 2000.

Früh, Sigrid (Hrsg.): *Märchen aus der Schwäbischen Romantik.* Tübingen 1991.

Geider, Thomas: *Motivforschung in Volkserzählungen der Kanuri (Tschadsee-Region).* Ein Beitrag zur Methodenentwicklung in der Afrikanistik. Köln 2003.

Horn, Katalin: »Freundschaft und Feindschaft.« In: Brednich, Rolf Wilhelm et al. (Hrsg): *Enzyklopädie des Märchens.* Band 5. Berlin/New York 1987.

Jahn, Ulrich: *Volksmärchen aus Pommern und Rügen.* Norden/Leipzig 1891.

Kon, Igor S.: *Freundschaft.* Geschichte und Sozialpsychologie der Freundschaft als soziale Institution und individuelle Beziehung. Reinbek bei Hamburg 1979.

Kracauer, Siegfried: *Über die Freundschaft.* Essays. Frankfurt am Main 1971.

Kühnel, Jürgen (Hrsg.): *Dû bist mîn. ih bin dîn.* Die lateinischen Liebes- und (Freundschafts-) Briefe des clm 19411. Abbildungen, Texte und Übersetzung. *Litterae Nr. 52.* Göppinger Beiträge zur Textgeschichte. Göppingen 1977.

Lüthi, Max: *Das Volksmärchen als Dichtung.* Ästhetik und Anthropologie. 2. Aufl. Göttingen 1990.

Maennersdoerfer, Maria Christa: *Schicksal und Wille in den Märchen der Brüder Grimm.* Diss. Bonn 1965.

Matt, Peter von: *Liebesverrat.* Die Treulosen in der Literatur. München/Wien 1989.

Rölleke, Heinz: »›Du bist mîn, ich bin dîn‹: Ein mittelhochdeutscher Vers in den Kinder- und Hausmärchen der Brüder Grimm?« In: *Wo das Wünschen noch geholfen hat.* Gesammelte Aufsätze zu den Kinder- und Hausmärchen der Brüder Grimm. Wuppertaler Schriftenreihe Literatur, Band 23. Bonn 1985.

Saeki, Rotraud (Hrsg.): *Märchen aus Japan.* Krummwisch 2005.

Straparola, Giovan Francesco: *Le piacevoli notti.* A cura di Manlio Pastore Stocchi. Universale Laterza 536. Roma/Bari 1979.